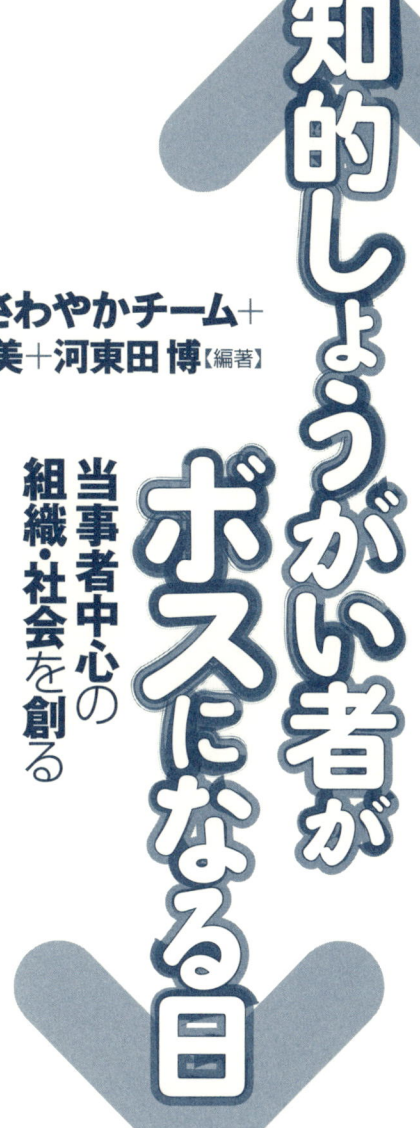

知的しょうがい者がボスになる日

当事者中心の組織・社会を創る

パンジー さわやかチーム＋
林淑美＋河東田博【編著】

現代書館

知的しょうがい者がボスになる日＊目次

序章　ピープル・ファースト運動と組織変革 … 3

第1節　パンジーがめざしたもの　3
第2節　パンジーの実践に対する評価と課題　5
第3節　パンジーが抱える課題をどう克服したらよいか　8
第4節　社会福祉実践から価値ある社会変革実践へ　11

第1章　当事者を中心に据えた組織・社会を創る … 13

第1節　当事者活動と当事者参加・参画　13
第2節　スウェーデンにおける当事者活動と当事者参加・参画の実態　14
第3節　当事者組織の世界的潮流とピープル・ファースト　17
第4節　日本における当事者活動と当事者参加・参画の新しい流れ　19
第5節　当事者を中心に据えた組織・社会を創るための支援のあり方　21

第2章　当事者が組織を変え、組織運営の主役になった … 26
　　　　──グルンデン協会からのメッセージ

第1節　第Ⅰ変革期のグルンデン協会　26
第2節　第Ⅰ変革期のグルンデン協会の検証と評価　40
第3節　第Ⅱ変革期のグルンデン協会　42
　　　　──「地域移行・本人支援・地域生活支援東京国際フォーラム2005」（みて、きいて、はなしあおう　元気の出る話）より
第4節　グルンデン協会の見事な発展　45
　　　　──元総合施設長アンデシュ・ベリストロームさんからのメッセージ

第3章　グルンデン協会からパンジーへ……………………………… 52

　第1節　スウェーデンに負けてるなあ　53
　　　　　――2001年、グルンデン協会を視察して
　第2節　当事者だけの理事会へ向けて――人間として出会う　75

第4章　当事者が組織を変え、組織運営の主役になるための試み………… 109
　　　　――パンジーからのメッセージ

　第1節　「パンジーを変える特別チーム・さわやか」立ち上げ　109
　　　　　――パンジーからのメッセージ
　第2節　座談会：2007年6月から2008年3月までを振り返って　159
　第3節　アドバイザーが参加した会議でどのような整理がなされたか　184
　　　　　――陪席者の目を通して振り返る
　第4節　支援者・陪席した理事長・施設長はさわやかチームをどう支援し、見守ってきたか　192

終　章 …………………………………………………………………… 203

　第1節　組織を変えるということ＝リーダーになるということ　204
　第2節　新しい組織の新しいリーダーになるために　212
　第3節　よい支援者をみつけるために　217

あとがき ………………………………………………………………… 222

装幀　渡辺奨史

序章　ピープル・ファースト運動と組織変革

河東田　博

第1節　パンジーがめざしたもの

　2000年10月、筆者は縁があって大阪の知的しょうがい者の通所授産施設を活動基盤とする社会福祉法人・創思苑（基幹施設は通所授産施設パンジーである。多くの当事者には「パンジー」という名前が浸透している。したがって、以後「パンジー」という名称を使用し、本稿を進める）に招かれた。地域に根ざした「授産施設を超える」「地域を創る」「自立の支援」「自己実現を展く」活動を展開している今注目のエネルギーを感じることのできる素晴らしい団体である。筆者も心から支援をしたいと思っている団体の一つである。パンジーは、「しょうがい者解放」を目指す、自立支援のための当事者運動団体だった。

　パンジーが目指してきたものは次の3点に要約できる。

① 「一人ひとりがかけがえのない存在」という価値観の共有、つまり、個人の多様性を認め、あるがままに受け入れられ、誰もが抑圧されない社会の創造。
② 一人ひとりの地域での自立を促進するための活動の拠点。
③ コミュニティや行政に働きかけて社会を変革していくための運動の拠点。

　当事者運動が目指すごく自然な目標だが、これらを実践し、実現することは容易なことではない。伝統的な非当事者優位の実践ではなく、当事者主体の実践が要求されるからであり、当事者を支援する私たち支援者のスタンスや感性が問われ、価値観の変容が求められるからである。抽象的だが、とて

も重要な内容が含まれているのである。パンジーの場合、当事者運動のモデルをピープル・ファースト運動に見、この運動から多くのものを学んできた。したがってパンジーの実践に対する評価の鍵は、ピープル・ファーストの理念や趣旨に叶った実践ができているかどうか、つまり、目指してきたものにどう取り組み、どこまで、どの程度到達できたのか、何が課題として残されているのか、その課題をどう克服し、目指してきたものにどう近づこうとしているのか、といったことである。

　ピープル・ファーストとは、知的しょうがい当事者による当事者のためのグループ活動で、活動内容は当事者たちが話し合って決め（決定権は当事者にあり、支援者は決定権をもたない）、支援者は当事者によって選ばれ、その役割も当事者によって決められる、という特徴をもっている。また、彼らは社会に対しても、彼らに関することは、彼らの参加を得、彼らと共に検討し、彼らと共に納得のいく形で物事を決めていってほしいと求めている。

　ピープル・ファースト運動とは、既存の非当事者中心の運営の仕方とは全く異なるものだということが少しわかってきた。パンジー評価のポイントは、「当事者がパンジーの運営に参加し、彼らの意思決定を踏まえて物事が進められているか」の一点に尽きるのである。既存の福祉施設や団体では、伝統的な「しょうがい者」観に基づいていることが多いため、当事者主体（中心）の組織運営はなかなかできにくい。当事者活動の盛んな某育成会も当事者の会がその良い例で、かつて当事者の会が決めたことが、親団体の了承が得られなければできなかったり、時にはひっくり返されて別の要求を飲まされることもあった。親団体の意思決定が最優先されてしまうのである。また、当事者を大切にする取り組みとも違う。ピープル・ファーストでは、常に当事者が主体であり、当事者の決定が最優先されるからである。支援者は、当事者の求めに応じて支援の手を差し伸べるのが主な役割となるからである。

　このように、パンジーが目指すピープル・ファースト運動とは、当事者と支援者との関係のありようを根底から変えていかなければならない、とても

大変な、伝統的な価値観を持ち続けている私たちには想像もつかない自己矛盾を起こしてしまうような取り組みであることがわかる。ピープル・ファースト的取り組みを目指すということは、最高議決機関である理事会を当事者が中心となるものにつくり替えていかなければならないということを意味する。この理事会が支援者を雇用する仕組みに変えていくことでもある。パンジーがもつ当事者グループの主要メンバーが理事会の過半数以上を占めるか、または、このグループを交渉権のもてる理事会と対等な組織にするということを意味する。パンジーは、既存の社会福祉実践とは異質なまさに革命的な取り組みを目標としていたのである。

　パンジーは目標に向かって大変な努力をしてきており、並みの通所授産施設でないことは確かである。社会福祉施設としてはとても質の高い、エネルギーに満ちあふれた、地域に根ざした、当事者ニーズにあった先駆的な取り組みを行ってきた。まず第一に、施設らしさを排除するための建物構造、指導ではないあたり前の付き合い、作業より外に出て経験から学ぶ、主役は当事者、を目指した普通の施設にしないための試みである。第二に、地域で自立生活を送ることができるようにするための実効性のあるネットワークづくりである。第三に、当事者のエンパワメントへの支援である。こうした先駆的な取り組み姿勢は、他の事業所には見られない生き生きとした活動や生活の場を地域の中に数多く創り出してきた。しかし、パンジーが目指しているピープル・ファースト運動と実際に行っている実践とはどこかが、何かが違っていたのである。何が違っていたのであろうか。

第2節　パンジーの実践に対する評価と課題

　招かれる前にお世話になった2日間（宿泊を伴う現地調査）を思い返してみた。目指すものと実態との間に大きなギャップが存在していたが、一体それは何だったのか。それは、当事者運動を生活支援の一つとして捉えていたことに

よるものではなかったのか、ということである。もしこのような捉え方をしてしまうと、権利獲得・擁護を目指すセルフ・アドヴォカシーを基調とする取り組みではなく、支援者が上位に立ったまま当事者を誘導する既存の社会福祉実践（伝統的な自立支援）と何ら変わらなくなってしまうのである。つまり、当事者運動（セルフ・アドヴォカシー）を目指したパンジーでも、支援者が強い力をもっており、教え導くという図式になっていたのではないかということであった。そして、誰からも信頼されている、法人立ち上げに当初から関わってきた施設長を中心としたファミリー（施設長は施設全体の統括者であり、当事者の支援者兼母親的な役割を担わざるを得なくなっていた）になってしまっていることが、さらに大きな理想と現実のギャップをつくり出し、目指すものが何かをわからなくさせてきてしまったのではないかと思ったのである。

　厳しい指摘かもしれなかったが、筆者は気づいたことを率直に伝えさせていただいた。残念なことに、当事者主体を目指し、良い実践をしようとしている団体が一様に抱えている共通した問題でもある。

　ハード、ソフトの両面からも評価を行ってみた。

　ハード面での施設らしさの排除には大きな効果があったと評価できたが、依然として、通いの場（通所授産施設パンジー）が大勢の当事者が通う特別な場となっていた。こんなに努力をしていても、彼らの居場所が限られている現実を知り、悲しく思った。地域に活動の拠点を増やすことで組織も日増しに大きくなっていた。組織の持つ特別な場としての施設が地域の中に点のように広がっていることに素晴らしさを感じつつも、素直に喜ぶことができなかった。大勢の仲間だけがいる生活や活動（労働）の場ではなく、分散された、少数だが、心安まる、ごく普通の地域の活動（労働）の場をつくることはできないものだろうか。一つひとつの活動の場が自治権をもち、地域に溶け込み、地域で共に支え合える関係を創れないものだろうか。

　ソフト面での施設らしさの排除にも多くの混乱が見られていた。当事者と

支援者との関係はどうか、あたり前の付き合いとは何か、当事者が主役とはどういうことか、ピープル・ファースト運動を社会福祉施設で取り組むとはどういうことか、といったことが整理されずに実践されてきたのではないかということである。例えば、施設には職階制に基づく上下関係が内在し、当事者はその階層のどこにも位置しないのが普通である。位置するとしたら階層のさらに下となっていることが多いが、このような関係をどう整理するのか、といったことである。多弁有能な支援者は当事者に対して圧倒的に優位な立場にあり、力をもっている。この力を弱め、当事者の手足となるようにこの力を使わない限り、対等な関係やあたり前の付き合いは生まれてこないのではないか。私たちの給料は、当事者一人ひとりが望むものを一人ひとりにあった形でサービスとして提供するために支払われているのではないか。当事者との話し合いは、彼らが理解できるようにしてこそ生きてくるが、そのためにはどうしたらよいのか。このようにソフト面にも難しい問題が残されていたのである。

　パンジーの取り組みは、他のどの施設よりもダイナミックで、自立支援のネットワークづくりも実に多様で、当事者のエンパワメントを高めるための支援を誠心誠意行っていた。日々の支援活動の大変さが目に浮かんでくるほどである。しかし、当事者の指摘は、思った以上に厳しかった。筆者が招かれた日、筆者の問題提起の前に当事者による意見発表とシンポジウムが行われ、次のようなはっきりした意思表示と問題提起を行っていたからである。

X「……はなしあいに、なんで、ぼくが、よばれんかったんやろうと、おもった。ぼくぬきで、はなしをして、イヤやなぁ、とおもった。……これからは、なんかきめることがあったら、ぼくも、はなしに、かならず、いれてほしい。ぼくの、いないとこで、しょくいんや、ほかのひとが、ぼくのこと、きめたら、むちゃむちゃ、イヤや」

Y「……ものの、言い方は、たいせつです。手の早い人は、ぜったいあきません。あんまり、やさしいのは、あきません。あんまり、せかさんと、きちんと、話してください。……なれてきたら、じぶんたちで、します。いちいちゆうのは、やめてください。ぼくの、いないとこで、きめないでください。ぼくは、なにが、おこってるか、わからんときが、あります。……ぼくらの、いないとこで、きめないでください。」

Z「……職員は、いつもその時は『うんうん』っていうけど、後まわしにされる。職員はいつも、『考え中』っていうので、不安になってくる。いいくるめられているみたい。もっとまじめにしてほしい。自分のことばっかり、している。職員をよんでも、なかなかきてくれない。……」

　こんなに素晴らしい取り組みをしているところでも、支援者主導で、当事者中心の取り組みがなされていないということを訴えていたのである。当事者の評価は相当に厳しかったということがわかる。これが先駆的社会福祉実践の実態なのである。しかし、私たちは、実態を改善、いや改革するために、当事者の声に耳を傾け、課題を整理しながら当事者主体の取り組みに向かって前進していかなければならないのである。

第3節　パンジーが抱える課題をどう克服したらよいか

　この団体がピープル・ファースト運動を目指しながら、当事者が求める社会福祉実践を展開できないものだろうか。そこで、筆者は、スウェーデン第二の都市イェテボリ（人口約50万人）に誕生したグルンデン協会のことを紹介してみた。グルンデン協会は、当事者が自分たちで創り上げた自治組織である。「グルンデン」とは、「しっかりした基礎をもつ」という意味である。この団体は、2000年7月、親の会から独立し、デイセンターなどいくつか

の事業所を親の会から譲り受け、自分たちで運営する自治組織となった。それまでグルンデンは親の会の一つの部会に過ぎなかった。親から干渉されずに、自分たちでいろいろなことを決め、いろいろなことをやりたいという思いが次第に募ってきた。やがてこのような思いが支援者を動かし、親をも動かし、組織をも動かしたのである。こうなるまでには何年もかかった。辛抱強く親の会との話し合いを続け、2000年、当事者の思いがとうとう実現したのである。

　グルンデン協会の１年間の活動方針や役員体制（理事他）が、毎年３月か４月に行われる「総会」で決められる。決定するのはもちろん当事者である。協会の理事会は、当事者だけで構成されている。支援者は求めに応じて必要なことだけを支援している。支援者には決定権がない。縁の下の力持ち。支援者はそのことに満足を感じている。初代の理事長はハンス・ブロムさん、副理事長がアンナ・ストランドさん。これまでもこの２人が協力し合ってグルンデンを引っ張ってきた。アンナさんは、抽象的な問いかけにうまく答えられない。そんな時、ハンスさんがわかりやすく解説をしてくれる。ハンスさんは、アンナさんの通訳者なのである。その代わり、アンナさんは、自分の意思を自分の言葉ではっきり相手に伝える。わかりやすく短い言葉で話し、仲間を感動させる力をもっている。協会を運営するお金は、当時、親の会を通して受け取っていたが、今は親の会の大半のお金をグルンデン協会で使えるようになっている。親の会の全事業所をそっくり受け継いだからであり、雇用している支援者に給料を支払わなければならなかったからである。このお金もまもなく行政から直接もらうことができるようになった。グルンデン協会は、行政から社会福祉団体として公的に認知されたからである。理事会の下には、各種委員会と活動部門がある。活動部門には、日中活動（就労）支援部門・相談部門・広報部門・余暇活動部門からなるデイセンター（兼地域生活支援センター）やメディア部門などがある。

　このような組織体制を創り上げるきっかけをつくったのが1993年にカナ

ダで行われた第3回ピープル・ファースト世界大会への参加だったという。この大会に参加したアンナさんは、「昔は、『しょうがい者』『ダウン症』と言われ、自分に自信がもてなかった」という。この大会をきっかけに、いろいろ考えさせられ、行動するようになった。この大会への参加によって彼女は、勇気と自信を得ることができるようになってきた。経験を積むうちにさらに自信が出てきたという。彼女は、長い間、諦めることなく、仲間の地域社会への積極的な参加と、権利の獲得を訴えてきた。このような彼女の功績に対して、数々の国際賞が贈られている。

　このように、ピープル・ファースト運動は、当事者に勇気と自信を与えてくれる。組織のあり方も、そこでの当事者と支援者との関係のありようも大きく変えてくれるのである。

　同じようなピープル・ファースト運動を展開してきたパンジーの人たちに、筆者は、グルンデン協会のことを伝えた。このような実践は不可能なのではなく可能なのだと。もし仮りに同じようなこと（当事者自身の手による自治組織化）ができなくてもよいではないか。目標に向かって歩んで行くこと、その努力こそが素晴らしいのではないかと激励を送った。

　幸いなことに、2000年11月、グルンデン協会代表のこの2人と支援者が、NHK厚生文化事業団の招きで来日し、パンジーに集う大勢の当事者・支援者（20名余）が彼らと会い、話も聴くことができた（詳細は後述する）。百聞は一見にしかずとはこのことである。筆者の話では問題にならないくらいの感銘を受け、皆同じように「目から鱗が落ちた」と語っていた。モデルを実際に目の当たりにすることで、霞の中から光を見出すことができたのである。生の具体的な話は人づての抽象的な話よりも効果があったのである。アンナさんにわからなかった抽象的なフロアからの問いかけに、ハンスさんがアンナさんの通訳者として援助していたこと、多くの難しい言葉よりも、短いわかりやすい人間的な言葉こそが人の心を打つのだということを、彼らと出会ってわかってもらえたような気がする。

第4節　社会福祉実践から価値ある社会変革実践へ

　パンジーは、社会福祉実践としてはもう既に相当のレベルまで達している。この団体が行っている地域に根ざした自立支援活動には他に追随できない素晴らしいものがある。しかし、時として自分たちだけでは見えないものがある。第三者の目を通して現状をしっかり分析・評価してもらうことが何よりも大切なことなのではないだろうか。第三者からの指摘を謙虚に受け止め、その第三者をも巻き込みながら、さらに討論を積み重ね、課題を整理し、また新たな目標を設定し、実践化していくことが求められてくるように思う。もし「しょうがい者」解放運動としてピープル・ファースト運動を目標にするのなら、それなりの覚悟と粘り強い真摯な取り組みが必要になる。もう一度原点に立ち戻り、ピープル・ファーストとは何か、セルフ・アドヴォカシーとは何か、そのための支援はどうしたらよいのか、等々の検討を行う必要がある。組織体制の大幅な見直しと改変も必要になってくる。当事者と支援者との関係のありようも見直すことになるであろう。

　これまで、私たちは、自立生活運動を知的しょうがいのある人たちの取り組みとは異なるものだと考えてきた。しかし、これまで見てきたように、ピープル・ファースト運動は、まさしく知的しょうがいのある人たちの自立生活運動であり、社会福祉実践の中でも彼らを中心に据えた活動を展開することができ、支援をしていくことが可能なのだということを教えてくれた。知的しょうがいのある人たちの自立生活運動は今後ますます活発になり、組織を変え、社会を変える取り組みにまで発展していく可能性がある。パンジーの取り組みがその突破口になり、社会的に価値のある、「当事者を中心に据えた組織や社会を創る」ための礎になっていくことを期待したい。

　なお、パンジーは、2000年暮れ、筆者からの一連の指摘を受けて支援者全員による合宿をもった。課題を明確にし、今後の確実な歩みにつなげるた

めに。そして、ピープル・ファースト運動の強化とグルンデン協会のような団体にしていくための方法論の検討が行われた。2002年8月にはグルンデン協会を訪問、2002年11月にはグルンデン協会の代表者を招いて交流集会を設けた。いずれもその様子は後述する（第3章参照）。そして、2007年7月にはパンジー変革のために当事者から成る2年間の「特別プロジェクト」を立ち上げた。序章で縷々述べてきた課題克服のために、本気で組織変革を行おうとしている。本書を通して、パンジーの組織変革に向けた取り組みの意義やプロセスを丹念に記していきたいと思う。

注　本章は下記初出文献を使用し、本書の内容に合うように加筆・修正をした。
河東田博「社会福祉実践と自立支援・当事者運動──"自己実現を展く環境"を創る」『社会福祉研究』第80号、2001年、82～87頁。

第1章　当事者を中心に据えた組織・社会を創る

河東田　博

第1節　当事者活動と当事者参加・参画[1]

　当事者に関することは当事者の参加を得、彼らと共に検討し、彼らが納得のいく形で物事を決定していく必要がある（このことを本書では「当事者参加・参画」と表記する）。当事者活動を活発にし、当事者参加・参画を推し進めるためには、第一に、当事者自身の手で運営される当事者組織を増やし、社会運動を担う組織へと強化していくことが求められる。第二に、そのための社会的条件の整備（情報提供・自己決定を支える個別援助者の確保等）が必要となる。第三には、政策決定への当事者参加・参画が必要であり、それらを可能にするためのルールづくりや常設機関の設置を検討する必要がある。

　当事者活動を活発にし、当事者組織の強化を図るには、当事者組織のタイプごとの特徴を把握しておくことが必要である。当事者組織には、次のような二つのタイプがある。

①既存の組織の中につくられた当事者組織：この種の当事者組織は、世界各国の親の会の運動の中に見られる。当事者参加・参画の生みの親であるスウェーデン精神遅滞児童・青年・成人連盟（以下、FUBと略記する）の当事者代表委員会も、日本の育成会の当事者部会も、この種の当事者組織である。この種の組織には、仲間づくりと組織に対する当事者発言の行使が図れるという利点があるが、既存の組織内では当事者が少数派となり発言権や活動に制限が加えられるという欠点をもっている。

②当事者自身の手によってつくられた当事者組織：この種の当事者組織は、

カナダ・アメリカなどを中心に当事者自身の手によって組織されているピープル・ファーストがその代表例であろう。ピープル・ファーストのメンバーは全員知的しょうがいのある人々であり、支援者は議決権をもたない立場で関わっている当事者組織である。この種の当事者組織には、セルフ・ヘルプを通して、人々に力を与えることのできる内的なダイナミックス(メンバーのやる気、正当性への強い願い、自立への誇り、彼らが感じる人生への理解、共通の目的、集団的活動)がもてるという利点と同時に、社会的な行事にのみ目を奪われ、言い争いを避けていると、メンバーの真の関係や要求が抑圧されてしまうという欠点をあわせもっている。

第2節 スウェーデンにおける当事者活動と当事者参加・参画の実態[2]

1 FUB内における当事者活動

スウェーデンの知的しょうがいのある人々の多くは、FUBに所属している。FUBの会員と一部重複はしているが、他にストックホルム自立生活協同組合(STIL)や重度重複しょうがい者協同組合(JAG)に所属している人たちもいる。

FUBは、1952年にストックホルムの親の有志が親睦団体としてスタートさせ、1956年には各地方に支部をおく全国組織に発展していった。FUB結成当時は、知的しょうがいのある子どもたちの教育や訓練・家族の相談といった実践的な活動をしており、行政が担うべき福祉の肩代わりをしていた。福祉に対する公的責任が法律で明記されるようになった1968年以降は、行政の目付役と圧力団体としての役割を担うようになってきている。

1970年代には、FUBとして国及び地方レベルの各種委員会や公共の企画への意見反映の機会を得、行政機関の定期会合への参加や行政担当者との定期会合がもたれるなど、組織としての政策立案への参加・参画を可能にして

いた。

　1968年5月に当事者による初めての会議がもたれ、職業訓練や余暇活動等の問題について話し合われた。そこで、彼らは、彼ら自身の余暇の問題・クラブ活動・労働組合への参加について、より強い要求を出していったという。この当事者会議後、FUB全国大会でブー・カールソンさんは当事者を代表して演説をし、「私たちにも発言の機会を！　よりよい余暇活動・より高い給料・よりよい教育を！」と訴えている。

　2年後の1970年には、スウェーデン南部のマルメで、関係者の手をあまり借りずに、当事者自身の手による会議がもたれている。当事者から出された意見と要望は、誠実かつ公平な処遇と対等な立場での参加・参画の権利を求めていたという。

　1975年にはベクショーで青年部が設けられ、数多くの問題点が指摘された。

　1976年には、青年部からFUB全国大会に次のような2点の要求が出された。

ⓐFUB全国理事会と運営委員会に知的しょうがい当事者も含まれるべきである。
ⓑ当事者も参加できるように、討論内容や話し言葉をやさしくすべきである。

　1977年には青年部が、FUBの機関誌で、当事者も「FUBに一緒に参加をし、FUBの決定にもっと加わらなければならない」と主張をした。

　1978年のオルンショーズビークで開催された会議では、当事者がどうしたらFUBに一緒に参加し、FUBの決定にもっと関わることができるのかを話し合った。そして、並行して開催されていたFUB全国大会で、当事者参加・参画に関する議題を1990年の全国大会で議題とする旨の決議を行い、次の5点が確認された。

ⓐすべての人たちがFUBの会員となることができる。
ⓑ『ステーゲット』（当事者用のやさしい機関紙）と『FUBコンタクト』（通常の機関紙）のどちらかを選ぶことができる。
ⓒ FUB支部理事会の変革
ⓓ講座や会議の増設
ⓔ事務局予算と人員の増加

　以上の経過を踏まえ、1984年の全国大会では、故オーケ・ヨハンソンさんが当事者として初めて全国理事に選出された。オーケさんは、1985年に精神発達遅滞者等特別援護法案に対する国会聴聞会が開かれたとき、当事者代表として意見陳述をし、法案用語の一部をより適切な用語に変えさせるなど、政策決定にあたって大きな役割を果たしてきた。しかし、オーケさんが理事に就任するときにはほとんど何も支援システムが用意されていなかったため、オーケさんも理事会も理事会運営を巡って戸惑ったと言われている。徐々に事前情報の提供やわかりやすい資料の作成（討論に入ると難しくなり、これだけでは限界が見られた）・個別援助者の配置などが検討されるなど、組織としての支援システムが整備されることによって、理事会への当事者参加がより意義のあるものになっていった。そして、その後、1988年には2人の当事者全国理事が、1990年には3人が、1992年には4人がと、徐々に複数の当事者理事が誕生するようになっていった。

2　FUB当事者組織の組織内独立
　その後、世界各国の当事者と交流するなかから、FUB内の当事者たちは、親・関係者中心の組織に依存・従属するのではなく、むしろFUBから独立した当事者組織設立の必要性を考えるようになってきた。これまでは全国理事会に帰属する各種委員会の一つとして当事者組織としての当事者代表委員会が位置付けられていた。しかし、当事者の思いや願いが組織全体に十分に

浸透しているとは言えなかった。そこで、当事者組織の独立問題が各レベルの当事者代表委員会で盛んに論議されるようになった。

そして、1994年、当事者組織の組織内独立の問題が全国理事会で論議され、決定の運びに至った。組織名も「クリッパン」とした。その結果、1995年から全国FUB内に当事者理事会と非当事者理事会の二つの理事会が存在することとなった。当事者理事会は1994年秋から部分的に動きだしていたが、1995年5月の知的しょうがい者全国大会で運動方針・役員体制の決定を行い、本格的な動きを始めることになった。

しかし、FUB当事者組織の組織内独立は、当事者理事会の運営がFUB全国大会の決定（運動方針）に拘束され、活動計画と会計執行の双方が非当事者理事会の指導下に置かれているなど、未解決のさまざまな問題点が内在している。序章で紹介したグルンデン協会もクリッパンの構成メンバーグループの一つであり、当時副会長のアンナ・ストランドさんを理事として送り込んでいた。しかし、グルンデン協会はクリッパンとFUBの関係のあり方に疑問を感じるようになり、2001年クリッパンから離れ、独自の動きを展開するようになっていった。詳しくは、第2章を参照していただきたい。

クリッパンにさまざまな問題や課題はあるものの、FUB内の当事者組織が「既存の組織の中につくられた当事者組織」から「当事者自身の手によってつくられた当事者組織」へと徐々に脱皮しようとしており、新たな当事者参加・参画のあり方を求めて新たな展開に入ろうとしている動きの一つと言える。

第3節　当事者組織の世界的潮流とピープル・ファースト[3]

世界の多くの知的しょうがい当事者グループや組織の自治化の動きを歴史的に辿ってみると、組織の拡大・強化の結果、「既存の組織の中につくられた当事者組織」から「当事者自身の手によってつくられた当事者組織」へと

徐々に大きな変化を示してきていることがわかる。これが、当事者自身の手による組織形成の世界的潮流なのである。1980年代から1990年代にかけて親の会から組織独立してできた北米各地のピープル・ファーストが、まさにそのよい例であった。

　ピープル・ファーストのメンバーは全員「知的しょうがい」のある人々であり、支援者は議決権をもたない立場で関わっている当事者組織である。「ピープル・ファースト」という名前は、1973年、カナダ・アメリカ太平洋北西部の当事者たちが会議を開いたとき、「『遅滞者』とレッテルをはられるのは嫌だ」「まず第一に人間（people first）」、と答えたことからつけられるようになった。ピープル・ファーストという考え方はカナダで根づき、アメリカ、ヨーロッパへと広がっていった。

　当事者たちが自己主張するようになり、将来に対する夢や悩みごとを語り、意見交換をし、同じような目にあっている人たちと話すことにより、自信をもち、日々の悩みごとを伝え合う仲間のグループとなっていった。施設の問題や地域社会での問題についても話し合われるようになっていった。組織化されたグループの中には、役員をメンバーの選挙によって選び、当事者が自ら自分たちの運命を自分たちで管理し始めるグループも出てきた。当事者活動を行う組織が増えると、地方ごとにまとまりのあるより大きな組織がつくられ、長い準備期間をかけて、1991年には、カナダに世界で初めてのピープル・ファーストの全国組織がつくられた。

　ピープル・ファーストとは、仲間とともに、支え合い、共に問題解決をしようとする方法を学び、自分たちに関係する事柄に参加し、決定することができるようにするための一つの運動体である。また、ピープル・ファーストとは、自らの権利を獲得し、擁護するセルフ・アドヴォカシーという理念を中心に据えた当事者活動であり、社会を変革しようとする社会運動の一つでもある。

　ピープル・ファーストは、セルフ・ヘルプを通して人々に力を与えること

のできる内的なダイナミックス（メンバーのやる気、正当性への強い願い、自立への誇り、彼らが感じる人生への理解、共通の目的、集団的活動）がもてるという利点と同時に、社会的な行事にのみ目を奪われ、議論を避けていると、メンバーの真の関係や要求が抑圧されてしまうという欠点をあわせもっている。

第4節　日本における当事者活動と当事者参加・参画の新しい流れ

1　日本の当事者組織の形態と組織化のあり方[4]

　現行日本の当事者活動や当事者組織の形態と組織化のあり方を概観すると、次の五つの形態に分類することができるように思われる。

①施設内自治会または施設OBをも含んだ施設関連の当事者組織
②育成会または愛護協会等既存の組織が関与した組織内当事者組織
③当事者団体が組織しようとしている当事者組織
④当事者自身の手によってつくられた当事者組織
⑤各地域のしょうがい者青年学級や学習及びレクリェーション・サークルを母体にした当事者組織

　①の施設関連当事者組織は、施設の数ほどはないが、かなりの数に上るはずである。ただ、実態はまだよく把握されていない。しかし、当事者が中心になって活動している当事者組織はほとんどないと思われる。育成会または愛護協会など既存の大きな組織がそのつもりで動きだせば、この①に属する相当数の施設関連当事者組織は②に吸収されていく可能性がある。事実、1994年以降、育成会が音頭をとって当事者グループの組織化がなされ始め、その数は200グループを超えるところまできている。そして、①に属する当事者組織が相当数②に吸収されるか、②の取り組みに参加し始めている。③

の当事者組織はそれほど多くはないものの、ピープルファーストジャパン等の運動団体に参加し、④の当事者組織を巻き込んで活発な運動を展開してきている。④の当事者組織は今日かなりの数にのぼり、②の育成会全国大会やピープルファーストジャパン全国大会への参加を通して社会的活動を幅広く展開し、社会的アピールも盛んに行うようになってきている。⑤の当事者組織は最も歴史が古く、親睦団体や学習・レクリエーションサークルとして出発してきた。ただ、指導者を中心とした運営になっているところが多く、当事者中心の組織運営をしているところはまだ少ないように思われる。

このように、組織のあり方・連携の仕方を見ると、日本の当事者活動や当事者組織をめぐる状況は目まぐるしく変化してきており、当事者組織の役割とその重要性は今後ますます増していくものと思われる。

2　ピープルファーストジャパン結成[5]

今日の当事者活動の原点は、1968年、スウェーデンで初めて行われたある当事者による職業訓練・余暇・バカンスについての意見発表と、2年後の1970年にスウェーデン南部のマルメで行われた当事者自身の手による本格的な会議だったと言われている。そして、類似の動きが、徐々に北欧の近隣諸国や北米に広がっていった。

わが国では、1956年に障害者青年学級発足の母体となった墨田区「すみだ教室」が誕生し、親睦団体、学習・レクリエーションサークルとして発展していった。1980年には神奈川県小田原市育成会が組織として初めて知的しょうがいのある本人を正会員として受け入れた。しかし、これらの動きは、指導者や親を中心とした運営であり、当事者中心の組織運営や当事者自身の手による本格的な取り組みがなされるようになってくるのは、1990年代に入ってからのことである。

わが国に海外の当事者による意見発表の様子が初めて紹介されたのは、1982年の国際知的しょうがい者世界大会（ケニア・ナイロビ）のときである。

スウェーデンなどの当事者代表の発表がなされたとある。1987年の北欧会議の感動的な会議の様子も私信を通して一部の人たちに伝えられたが、これらの感動はそれほど大きな動きには発展していかなかった。それでも、1989年の全日本精神薄弱者育成会全国大会（金沢大会）本人部会で、わが国初の本人による意見発表が行われている。

わが国の当事者活動の先駆けとなる動きを示してくれたのが、1990年に開催された国際知的しょうがい者世界大会（フランス・パリ）への5人の当事者の参加である。この時以来、当事者と支援者が声高に当事者活動の必要性を訴え始めるようになる。そして、1991年通勤寮全国大会（徳島大会）や同年の全日本精神薄弱者育成会全国大会（東京大会）で、当事者たちが大活躍することになる。全日本育成会の東京大会に参加をし、意見発表をした人たちを中心に「さくら会」が結成され、既存の組織には所属しない当事者自身の手による組織として発展するようになる。1993年にはピープル・ファースト世界大会がカナダで開かれ、積極的な活動と社会的貢献の大きさに、日本から参加した当事者も関係者も大きなショックと刺激を受け、日本にもぜひピープル・ファーストをと動き出す。

第5節　当事者を中心に据えた組織・社会を創るための支援のあり方

当事者を中心に据えた組織・社会を創るためには、そのための条件を整備しつつ、実際に組織運営などに当事者が直接参加・参画してみることである。組織運営への当事者参加・参画を具現化するための条件整備には、情報提供といった目に見える物理的なものから、運営に携わる際に必要とされるスキルやリーダーシップをとる際の勇気・自信といった目に見えない心理的なものまでが含まれる。そのための支援も必要となる。

当事者を中心に据えた組織・社会を創るために必要な支援を行う際、支援

者にとっては、具体的な場面での求められる支援から伝統的な福祉観からの脱却や価値観の変容といった人間性が問われるような支援まである。当事者を中心に据えた組織・社会を創ることができるかどうかは、支援のあり方によって決まってくる。そこで、1998年に知的しょうがいのある人たち自身の活動（本人活動）に関わっていた支援者が集い、まとめた「支援についての提言」[6]を「当事者を中心に据えた組織・社会を創るための支援のあり方の指針」と読み替え、本節に合うように修正の上、適用してみたい。

「当事者を中心に据えた組織・社会を創るための支援のあり方の指針」
　　前　　提：①当事者に関わることは当事者抜きで行ってはならない。
　　　　　　　②各種活動・組織運営・政策立案などを行う際、当初から当事者の参加を得、当事者と共に検討し、当事者が納得のいく形で物事を決定すること。
　　当事者を中心に据えた組織・社会を創造するとは：
　　　　　　　当事者一人ひとりが、
　　　　　　　・他者（他者の言っていること）を理解し、
　　　　　　　・ともに支え合うことの大切さに気づき、
　　　　　　　・社会との関係を見つめ、
　　　　　　　・自立や社会変革のための方法を見出し、
　　　　　　　・自己実現、自由・自己決定、自信・自己受容、安心感、社会的関係を確たるものにしていくことである。
　　基本要件：①知的しょうがいのある人たちが組織構成の一員となったときは、知的しょうがい当事者に合わせた組織運営・会議運営等を行うこと。
　　　　　　　②そのための「合理的な配慮」（適切な配慮、または、必要な配慮）を行うこと。「合理的な配慮」とは、当事者が求める事前・事後のわかりやすい情報の提供、当事者が物事を決めていく

ための支援（会議進行への支援）、当事者が発言（活動）しやす
　　　くするための支援、その他当事者が求める支援などである。
　　③そのための支援者を確保すること。その際、
　　　　a　支援者は、当事者によって選ばれることが望ましい。
　　　　b　支援者の役割は、当事者によって決められることが望ま
　　　　　しい。
　　　　c　支援者は、決定権をもたない。

　この「指針」には、当事者を中心に据えた組織・社会を創るための基本要件がすべて盛り込まれているように思われる。この「指針」に照らし合わせてみることにより、知的しょうがい当事者による組織・社会構築への糸口を見出すことができるかもしれない。その際、支援者は、組織や社会にあって、絶えず自分（私、私たち）の仕事ぶりを点検しながら、多くの時間をかけ、地道な取り組みを展開していく必要がある。そのため、次のような点検指標[7]も必要となる。

①私は、対象者が言いたいことに本当に耳を傾けているだろうか、それとも、私の意見を押しつけていないだろうか。
②私は、対象者の生活の質の向上や環境整備を支援しているだろうか。それとも、難しさや限界しか見ていないのではないだろうか。
③私は、対象者に対する自分の行動や感情を点検しているだろうか。
④私の働きかけは、何かの利害の衝突からきてはいないだろうか。あるいは、どこかで要求をコントロールしてはいないだろうか。
⑤私の働きかけは：
　・対象者の自尊心や自信を高め、思い切って行動するように、彼らを勇気づけているだろうか。
　・対象者の私への依存心を少なくすることができているだろうか。

・生活に影響を及ぼす決定に自ら参加・参画する機会を増やしているだろうか。
  ・自分自身で決定を行い、問題を解決し、物事が行えるよう、そのプロセスを彼らに教えているだろうか。
  ・私が権力者と見なされるような機会を減らしているだろうか。
  ・それぞれの当事者が積極的な役割を果たすように奨励しているだろうか。
⑥私の働きかけは、対象者を尊敬し、認めているだろうか。
⑦私の働きかけは、対象者が情報に基づいた決定をすることができるように、幅広く多様な情報を様々な視点から獲得し、理解できるように勇気づけ、支援しているだろうか。対象者の視点に立った支援ができているだろうか。
⑧私の働きかけは、対象者の怒りは当然のことであり、多くの場合、現実にも正当化されるということを認めているだろうか。また、対象者が建設的な個人の成長と社会変革のために怒りを活用するように勇気づけているだろうか。
⑨対象者が次のようなことをしても平気だろうか。
  ・私の考えに疑問をもつこと
  ・私を仲間から締め出すこと
  ・彼らが私を必要としないということ。彼ら自身で決定することができるということ
  ・私がしていることに対して否定的な反応を示すこと
  ・権威ある人物として私を見ないこと
⑩対象者はもちろんのこと、支援者も間違いをおかしやすい人間であり、他の人々や他の団体と同じように多くの問題を抱えている人間であるということを、私は理解しているだろうか。

注
1）下記文献に加筆・修正した。

河東田博「解題：日本における当事者活動の実態と課題」ビル・ウォーレル著、河東田博訳編『ピープル・ファースト：支援者のための手引き』現代書館、1996 年、102 〜 103 頁。
2）同上文献（103 〜 105 頁）に加筆・修正した。
3）下記文献に加筆・修正した。
　①同上、106 頁。
　②河東田博『国際福祉（社会政策）の今日的課題とノーマライゼーション』ユニバーサリゼーション研究会、2003 年、49 頁。
4）　河東田前掲書、1996 年、107 〜 108 頁。
5）　河東田前掲書、2003 年、48 頁。
6）　本人活動支援小委員会編「知的なしょうがいのある人たちの「本人活動」と「支援」についての提言」『本人活動支援'99』（地域生活ハンドブック４）全日本手をつなぐ育成会、1999 年。
7）　ビル・ウォーレル著、河東田博訳編『ピープル・ファースト：支援者のための手引き』現代書館、1996 年、84 〜 86 頁。

第 2 章　当事者が組織を変え、組織運営の主役になった
──グルンデン協会からのメッセージ──

河東田　博

第 1 節　第 I 変革期のグルンデン協会

　2000 年 11 月 19 日（日）に東京で、26 日（日）に大阪で、NHK 厚生文化事業団主催のシンポジウム「スウェーデンの仲間たちをむかえて〜知的しょうがいのある人の自己決定と自立支援を考えるつどい〜」が開催された。シンポジウムの主役は、スウェーデン・グルンデン協会の理事長（当時）ハンス・リンドブロムさんと副理事長（当時）アンナ・ストランドさんだった。当時理事長・副理事長という肩書きをもっていた 2 人は、いずれも知的しょうがい当事者だった。グルンデン協会とはどんな組織なのか、なぜ知的しょうがい当事者がこの組織の理事長・副理事長になることができたのかを、シンポジウムでの 2 人のメッセージ[1]を通して理解していくことにしよう。

1　アンナ・ストランドさん（当時：グルンデン協会副理事長）からのメッセージ

　こんにちは、私は、アンナ・ストランドといいます。

　私は、スウェーデンの西海岸にあるイェテボリという町に住んでいます。

　私は、夫と一緒に 2DK のマンションに住んでいます。

　私は、グルンデン協会という所で、その協会を代表して外部といろいろなやりとりをする役割をもっています。そしてまた、情報を広く伝えていく広報担当も務めております。

私は、普段、自由時間の間にはゆっくりとのんびりと過ごすのが好きです。
　グルンデンでのさまざまな活動にも参加しております。

　私は、イェテボリの親の会FUBに20歳ぐらいのときに入りました。
　FUBというのは、知的なしょうがいのある子ども、青年そして大人たちのための会です。
　FUBは、1950年代の半ば頃に親の会として始まりました。
　私がFUBに入った頃は、FUBを運営していたのは親たちでした。ほとんどのことを運営していたのは親たちだったのです。
　親たちは、私たちのことを思ってそうしていました。
　親たちは、私たちに楽しく過ごしてほしかったのです。
　親たちは、パーティや、あるいはダンスパーティなども企画しました。
　親たちが、私たちがどんなことをするのかということを決めました。
　時々、私たちに一緒にどんな紙ナプキンを使ったらいい？　とか、あるいはどんなふうに椅子を並べようか？　と聞いてきました。
　それは、まるで子どものパーティでした。
　たくさん風船があったり、紙リボンのようなものがありました。
　また、ジュースや菓子パンなどが出されました。
　親たちが私たちに話しかけるときは、子どもに話すような話し方でした。
　また、私たちの中には年をとっている人たちがいたにもかかわらず、若い人たちと話すような話し方でした。

　やがて、支援者の一人であるアンデシュと知り合いました。
　アンデシュは、FUBで、余暇活動の指導員として働いていました。
　そのとき、私は20歳、アンデシュは23歳でした。
　アンデシュは、私たちに私たちが何をしたいのかということを聴いてく

れました。
　また、アンデシュは、私たちに私たちがいろいろな物事をどんなふうに進めていきたいのかということも聴きました。
　私たちは、一緒にいろいろなことを計画しました。
　私たちは、一緒にいろいろなことを進めてきました。
　そして、風船や紙リボンなどはなくなりました。
　ジュースや菓子パンもなくなりました。

　私たちは、また他のことについても話し始めました。
　私たちは、互いに私たちの生活や人生についても話し始めました。
　他のことをやっている間も、いろいろなことを話し合ってきました。
　また、時にはパーティを開いたりもしました。
　そうやって、私たちは、お互いに話し始めました。
　私たちは、どんなふうに生活していきたいのか、生きていきたいのかについてです。
　その頃です。路面電車を使って通い始めたのは。
　それまで、私は福祉タクシーを使っていました。
　私のお母さんが、私にこうたずねました。「どうやって家に帰ってきたの？」
　私は、その時、福祉タクシーで帰ってきたと伝えました。
　でも、本当は路面電車を使って帰ってきたのです。

　私たちは、もっと私たち自身のことについて責任をもちたいと思うようになりました。
　私たちは、私たち自身のことについてもっと話し、私たちに関係することを決めたいと思いました。
　そこで、私たちはある一つの委員会をつくりました。

そこでは、私たちがこれが重要だと思うことについて話しました。

私たちは、私たち自身の委員会をもちたいと思いました。

しかし、FUBの役員会では、さんせいしてもらえませんでした。

しかし、それからいろいろな話し合いがあって、1985年に、私たちはグルンデンという自分たちのグループをつくることができました。

できたばかりの頃は、FUBの中の一つの部門でした。

私たちは、自分たちの部屋をもちました。

その部屋は、地下室にありました。つまり、建物の土台にあったのです。

ですから、土台とか基礎という意味をもつ「グルンデン」という名前をつけたのです。

私たちは、とてもいい名前だと思いました。

どうしてかというと、人は土台とか基礎の上に何かを築き上げていくものだからです。

ですから、私たちは、「グルンデン」という会をつくったのです。

私たちの最初の部屋はとても小さくて、あまりいいものではありませんでした。

しかし、でもそれは、私たち自身の部屋でした。

私たちは、私たち自身で物事を決めました。

どんどん会員が増えていきました。

会員はたくさんになって、そこの部屋では小さくなりすぎてしまいました。

そこで、私たちは、もう少し大きい部屋に移りました。

そこでは、さらにたくさんの活動を始めました。

そうすると、また会員が増えてきました。

その新しい部屋も、また小さくなってしまいました。

その時、FUBが、大きな建物を建てました。

その建物が完成したとき、私たちグルンデンの仲間は、その建物に入る

ため、金メッキをした鍵をもらいました。
　その鍵というのは、その建物が私たちのためのものであるということを象徴していたのです。
　FUBの会長さんが、私たちにこう言いました。
「これは、イェテボリに住む知的なしょうがいのある人たちのために建てられたものなのです」

　その年に、私たちはカナダに行き、大きな会議に参加しました。
　そこで、私たちはピープル・ファーストという団体の人たちと交流をもちました。
　私たちは、他の国の人たちとも交流をもちました。
　私は、グルンデンの国際的な交流を進めていく役目ももつことになりました。
　私たちは、もっと自分で責任をもちたいという、そういう思いがどんどん強くなっていきました。
　私たちは、私たち自身の会、完全に私たちだけで運営される会をほしいと思うようになりました。
　私たちは、お金についても自分たちで決め、そして私たちの職員を自分たちで雇いたいと思いました。
　私たちは、自分たちの活動をするのに、親たちにそのために必要なお金を出してください、といつもお願いしなければなりませんでした。
　それは、間違っていると思いました。
　私たちは、本当に私たち自身の会がほしかったのです。

　私たちは、責任をもつことができます。
　私の仲間の多くは、自分たちで自立してアパートなどに住んでいましたし、あるいはグループホームなどに住んでいました。

私たちは、私たち自身の生活に責任をもっていたのです。
　ですから、仲間と一緒であれば、私たちは私たちの会に責任をもつことができます。
　1998年の11月に、私たちは、FUBの役員会に出かけ、私たち自身の会をもちたいと言いました。
　それは、FUBから完全に独立していく、ということを意味していました。
　私たちは、本当に私たち自身の会がほしかったのです。

　やがて、FUBの役員会は、私たち自身の会を始めることを支援しようと決めました。
　準備に約2年間がかかりました。
　その間、FUBは、ずっと助けてくれました。
　今年の7月に、FUBから独立して、グルンデン協会をつくりました。
　私たちは、ようやく私たち自身の会をもったのです。
　私は、かつてオランダで行われた会議で、こんなふうに言いました。
　「私たちグルンデンは、何か大きなことを必ずやるだろう」と。
　そうです、今、私たちはそれを実現させたのです。

2　ハンス・リンドブロムさん（当時：グルンデン協会理事長）からのメッセージ

　こんにちは、私はハンス・リンドブロムといいます。
　私は、ヨーロッパにありますスウェーデンという国からやってきました。
　私は、イェテボリというスウェーデンの西海岸にある町で働いています。
　私は、イェテボリのグルンデン協会で積極的に活動しています。
　このグルンデン協会というのは、知的なしょうがいのある人たちの権利について働きかけていくところです。
　グルンデンには、11名からなる理事会があります。

理事会の半分以上は、知的なしょうがいのある人たちでなければならないのです（注：後に規約変更、39頁および61頁）。
　私は、この理事会で理事長を7年にわたって務めています。

　私たちが働きかけていることの一つに、次のようなことがあります。
　それは、私たちができることを、仕事として、権利として獲得していくことです。
　スウェーデンでは、養護学校を卒業すると自動的に年金を受け取り、デイセンターで仕事をすることになります。
　でも、私たちは、それは間違っていると思います。
　養護学校を卒業した多くの人たちは、仕事ができますし、また、したいと思っています。それも、ちゃんとした仕事ということです。
　私たちはまた、自分たちができることを見せる機会をもつべきだと思います。
　そして、年金を受けるかどうかということを決めるのは、その人の意志で行えばいいと思います。

　私たちは、スウェーデンから養護学校をなくそうと働きかけています。
　知的なしょうがいのある人たちは、普通学校のクラスに行くべきだと思います。
　養護学校にあったさまざまな資源などは、普通の学校に移されるべきです。
　それは、小学校、中学校だけではなく、高校についても言えることです。
　私たちは、また、知的なしょうがいのある人たちが地域社会に住んで、その時には、どこに、どんなふうに住みたいのかということを自分で選択できるようにすべきだと働きかけています。

私たちは、入所施設にも反対しています。入所施設というのは、決していい方法ではありません。
　もし自立して一人で暮らすことができなければ、グループホームに住めばいいのです。
　その時に誰と一緒に住むのかということも、自分たちで選べるようにすべきです。
　そして、自分たちが住んでいるところをどんなふうにしていくのかということも、決めることができるようにすべきです。
　たとえば、どんな壁紙にするとか、どんな家具を置くとかということです。
　また、どんな洋服を着るのかということも、自分たちで決めることができるようにすべきです。
　そして、どんな身なりをするかということも。
　また、何を食べるかも決めることができて、買い物にも一緒に行ったりすることもできるようにすべきです。
　また、一緒に調理をすることもです。
　同じように、一緒に洗濯をしたり、掃除をすることもです。

　私たちは、知的なしょうがいのある人たちも、充実した自由時間をもつことができるように働きかけています。
　知的なしょうがいのある人たちも、自分たちがやりたいと思う余暇活動ができるように働きかけています。
　それは、一般のクラブとかサークルでということです。
　私たちは、いろいろなクラブやサークルの職員たちに話をする必要があると思っています。
　どういう話をする必要があるかというと、知的なしょうがいのある人たちを、どんなふうに支援するのが一番いいのかということについてです。

それでは、グルンデンの活動について話をします。
　グルンデンの活動の中には、二つの日常の活動があります。
　一つは、カフェテリアで、そこでは11人の人が働いています。
　その人たちは、コーヒーを出したり、コーヒーやサンドイッチ、あるいはお昼などを出しています。
　同じ建物には、グルンデンの事務局があります。
　4人の職員がいます。
　1人がオンブズマン。オンブズマンは、会を代表して、外部とのやり取りを行う人です。
　相談員が1人、余暇活動の指導員が1人、そして事務員が1人です。
　私たちは、またグルンデンボイスというサッカーチームをもっています。
　この「ボイス」という名前は、ボールとそれから陸上競技を表しているスウェーデン語の頭文字を取ったものです。
　そこには、100人の人たちが入っています。
　全員が知的なしょうがいのある人たちです。
　また、指導員はしょうがいのない人がなっています。
　彼らは、1週間に1回トレーニングをしています。
　また、グルンデンボイスは、あるテニスクラブとの交流があります。
　そこでは、プロの選手についてトレーニングができます。
　私たちは、また余暇活動の部門をもっています。
　そこでは、オープンハウスというのをやっています。
　このオープンハウスというのは、私たちの協会の建物において、1週間に2回行われています。
　そこでは、ゴーカートに乗ることもできます。
　私たちは、特殊な設備をもったゴーカートを1台もっています。
　そうすると、大変重いしょうがいのある車いすに座っている人や、何らかの理由でゴーカートを操作できない人たちが、その特殊な設備をもった

ゴーカートに乗ることができます。

　私たちは、夏の旅行も計画しています。スウェーデン国内や、スウェーデン国外にも出かけていきます。

　去年は、250人のイェテボリに住んでいる人たちが、旅行に出かける機会をもつことができました。

　私たちは、こうした旅行を行うことができるように、自治体から毎年お金をもらっています。

　もう一つの日常活動は、グルンデンメディアというものです。

　そこでは、12人の知的なしょうがいのある人たちが働いています。

　3人の支援者が働いています。

　そこでは、番組を作り、それをイェテボリの地元ラジオ局に流しています。

　また、四つのテレビ番組を制作し、イェテボリの地元テレビ局で報道されました。

　私たちは、大変わかりやすい簡単な情報誌というものを、知的なしょうがいのある人たちのために発行しています。

　このグルンデンメディアというのは、4年前に一つのプロジェクトとして始まりました。

　しかし、今年の3月から、独立して活動しています。

　グルンデンには、夏のパートタイムで働いている人たちも含めて、職員たちが約100人います。

　グルンデンの理事会は、3人からなる職員雇用に関する委員会をつくりました。

　そのうちの1人が私ですが、私は全職員の雇用に関することを取り扱っています。

　私たちは、会計担当の専門職員を雇おうと考えています。

グルンデンの理事会の規則にそのようなことが決められているからです。

私たちは、人権について熱心に活動しています。
知的なしょうがいのある人たちが、地域社会に参加することができるようにと働きかけています。このグルンデンの活動によって、誰が一番利益を獲得できるかというと、一番支援を必要としている人たちなのです。

3　グルンデン協会「規約」

前理事長のハンスさんや前副理事長のアンナさんのメッセージは、2000年5月1日付の「規約」に基づいてなされている。この「規約」から、グルンデン協会とはどんな組織だったのか、しょうがい当事者がどのように位置づけられていたのかを確認することができる。以下、筆者が「規約」全文を訳出し、転載する。なお、「規約」第6条の理事会構成員に関わる内容が2001年、及び2005年に「改正」された。グルンデン協会を知る上で重要な「改正」だと思われたため、第6条の末尾に注釈を加えた。

イェテボリ・グルンデン協会規約

2000年5月1日　決定

第1条　協会の名称

　本協会の名称は、イェテボリ・グルンデン協会（以下、「グルンデン」と略記する）とする。グルンデンは、知的機能にしょうがいのある人たちが主体となる団体である。グルンデンは、政治的に偏りのない非営利の団体である。

　グルンデンは、イェテボリに本拠を置く。

第2条　協会の目的と役割

　A.

グルンデンは、知的機能にしょうがいのあるすべての人たちの自己主張・自己決定を基に、良い住まい、良い仕事、良い学校、内容豊かな質の高い余暇活動が得られるように、彼らの生活状態が向上するために働く。

　グルンデンは、人々の態度を変え、改善するために働く。

　グルンデンは、不正や差別・偏見と闘うために働く。

　グルンデンは、知的機能にしょうがいのある人たちが経済的にも良い状態が得られるように働く。

　グルンデンは、FUB、全国FUB傘下のクリッパンなど、考え方を共有する他の協会や団体と連携して共同の取り組みを行う。

　グルンデンは、世界ピープル・ファースト連盟など、世界各国の考え方を共有する協会や団体と連携して共同の取り組みを行う。

B.

　グルンデンにおける活動は、知的機能にしょうがいのある人たち（子どもから若者、成人まで）が可能な限り社会との関係がもてるようなものとすべきである。と同時に、民主的な考え方に基づいて一般の人たちと共に決定を行い、責任を分かち合うようにすべきである。

　グルンデンにおける活動は、余暇活動、情報提供、教育、相互に影響を与える共同の取り組みなど、さまざまな活動の機会を通してなされるべきである。

C.

　グルンデンは、グルンデンの目的に反したり、グルンデンの活動や経済、所有しているものを損なうような活動や経済的活動を行ってはならない。

　グルンデンは、グルンデンの目的や会員の活動、他の協会や組織の活動について情報提供を行う。

　グルンデンは、このような活動を行うために職員を雇用する。

第3条　グルンデンの会員は、知的機能にしょうがい（恒久的な機能しょうが

い）のある人たちやグルンデン協会の考え方や目的を共有する人たちからなる。

第4条　グルンデンの会員になりたいと思う人は、グルンデン理事会にその旨を伝え、総会で承認された後会費を納入する。
　会費の額は、総会で決定する。

第5条　理事会は、グルンデンの目的や活動の意に反する対応をする人や会費を払わない人をグルンデンから除名することができる。

第6条　理事会は、グルンデンの活動や経済に対して責任をもつ。
　理事会は、すべての会員に納得のいく対応がなされているか、一人ひとりのレベルに応じた対応がなされているか、を把握する責任をもっている。つまり、グルンデンの活動がうまく機能し、確実に発展し、そのための財源が得られるようにする責任をもっている。

　理事会の理事は、年次総会で選ばれる。理事会は、11人で構成される。理事長は年次総会で選ばれる。任期は2年である。その他の理事は、2年任期を務める理事5人と残り1年の任期を務める理事5人が選ばれる。初年度に選任された者は、それぞれ2年間の任期を務めることになる。副理事長、書記、会計は、理事会で選任される。書記には、理事会以外の人を選任してもかまわない。会計には、会計のできる人が望ましい。会計には、理事会以外の人を選任してもかまわない。理事会は、職員の雇用や給与の問題を司る運営委員会委員を選任することができる。その際、理事の中から少なくとも2人の十分な知識をもった人が加わるものとする。

　理事会の理事の半数以上は、知的機能にしょうがいのある人で構成される

べきである。理事会での決定が有効と認められるためには、理事長を含む少なくとも5人の理事の参加が必要である。

（注：2001年4月に行われた年次総会で次のような修正案が出された。修正案：理事会の理事のうち9人は、知的機能にしょうがいのある人たちで構成されなければならない。この修正案は理事会で検討され、2002年の年次総会で「理事会の理事は全員知的機能しょうがいのある人で構成されるべきである」と改正された。）

第7条　年次総会では、会計監査役が選任される。会計監査役は、公認会計士が望ましい。

第8条　協会は、1年に1回、全会員による年次総会を開催する。
　年次総会は、年度が切れる3月末日までに開催されなければならない。
　年次総会では、会員によって、新しい理事が選ばれる。
　年次総会では、活動方針と予算を決定する。
　年次総会では、理事会の決算処理が妥当かどうかを決定する。
　年次総会での決定が有効と認められるためには、少なくとも20人の会員の参加が必要である。

　年次総会開催の連絡は、年次総会議案書と共に、年次総会開催の1カ月前までに、会員に送付されなければならない。年次総会の議題には、次のような内容が含まれていなければならない。
＊年次総会の成立要件を満たしているかどうかの確認と決定
＊選挙人（会員資格者）名簿の確認—選挙権を有している会員資格者の確認
＊議題の確認と決定
＊総会における議長、書記、年次総会議事録立会人、選挙開票立会人の選挙
＊活動方針報告、会計報告、会計監査報告

＊予算案、活動方針案の提案
＊理事会との質疑応答
＊理事選挙、会計監査役選挙
＊理事等選出起草委員会委員選挙
＊会費について
＊会員からの提案
＊その他

第9条　理事会は、さまざまな理由により規約に基づく通常の年次総会が開催できなかったり、規約に対する修正案が提出された場合、臨時総会を招集することができる。

第10条　理事会は、会員による協会全体集会を招集することができる。

第11条　規約修正の提案は、遅くとも年次総会の2カ月前までに理事会に提出されなければならない。
　規約修正に関する決定は、理事会の定める臨時総会と次の年次総会の計2回の総会で行われる。

第12条　協会の解散に関する決定は、理事会の定める臨時総会と次の年次総会の計2回の総会で行われる。
　万一の場合には、年次総会で決定された協会の目的に合致する他の団体と協力をして対応にあたることとする。

第2節　第Ⅰ変革期のグルンデン協会の検証と評価 [2]

　筆者は、2001年5月2日、2000年7月親の会から独立し、独自財源をも

つ当事者主体の組織を立ち上げ、職員を雇用しながら各種事業を展開し始めたグルンデン協会における、当事者参画の実態と課題を明らかにすることを目的としてイェテボリ市に赴き、2001年9月27日まで約5カ月間グルンデン協会に寄宿した。そして、理事会の会議や理事をエンパワメントするための種々の活動に参加をし、協会が会員のために日常的に行っている様々な活動にも常時観察者として参加した。気づいた点は文書にして理事会にも報告した。参与観察を通して得られた知見や当事者理事・会員、職員との面接・懇談の中から得られた情報を基に、グルンデン協会における当事者参加・参画のあり方に関する分析を行った。当時行った実態調査の結果は、次のとおりであった。

　グルンデン協会は500人余の会員をもつ福祉事業体であった。三つの事業体（2デイセンター、1相談・余暇活動部門）をもち、職員15人（当時）を抱えていた。運営責任は理事長を含む11人の理事（2年任期、理事全員が知的しょうがい当事者）が負っていた。グルンデン協会が今日のような独立した組織体と当事者主体の理事会を立ち上げるまでに15年の月日を要した。また、組織独立の要求が親の会の理事会に提出され、承認されるまでにも2年を要した。オランダなどでは親の会から独立した全国当事者組織が既にでき上がっていたが、スウェーデンでは初めての当事者組織となった。

　長期にわたる参与観察などを通して、次のようなことが明らかとなった。

①理事会による当事者管理（決定）は不十分で、時として支援者が誘導する場面が見られていた。
②伝統的な利用者対職員の上下関係を解消・改善するための努力が随所に見られてはいたものの、従来の関係を脱するまでには至っていなかった。

　このように、組織独立後1年余経過した時点での評価は、大変厳しいものとならざるを得なかった。自分たちの手で協会を運営したいという当事者の

強い思いがこれまでとは異なる新たな組織形態を生み出したものの、職員から様々な援助を受けて活動の場に参加する当事者が組織の運営責任を担うという組織的矛盾構造がすぐには解決困難な多くの問題をもたらしていたからである。当事者主体の組織運営に難色を示していた職員の一人は、他の職員と関係がこじれ、グルンデン協会を去っていった。

　筆者は2001年以降も毎年グルンデン協会を訪問し、グルンデン協会におけるその後の組織運営への当事者参加・参画の経緯を観察することになった。2002年に訪問をしたときは、組織改変のための特別プロジェクトを立ち上げ、当事者のエンパワメントを図るための具体的な取り組みに入っていることを知った。特別プロジェクトの組織改変の目玉の一つに「総合施設長職を当事者がどのように担っていくべきか」という課題も含まれていた。結論を出すまでに3年という長い年月を要したが、実践・討論などを通しての試行錯誤の結果、2005年1月に今日のような新しい組織体制が生まれることになった。非当事者の総合施設長が職を辞し、総合施設長が担っていた職務内容を複数の知的しょうがい当事者に担ってもらうことになったからである。

　これまでの取り組みの経過と新しい組織を担うことになった当事者の思いを第3節で、前総合施設長自ら職を辞し当事者参加・参画を支援するに至った経緯と思いを第4節で紹介していこうと思う。

第3節　第Ⅱ変革期のグルンデン協会
　──「地域移行・本人支援・地域生活支援東京国際フォーラム2005」
　　（みて、きいて、はなしあおう　元気の出る話）より

2005年11月3日（木・祝）、立教大学池袋キャンパス8号館で「地域移行・本人支援・地域生活支援東京国際フォーラム」（みて、きいて、はなしあおう　元気の出る話）[3]が開催された。この国際フォーラムに海外からあわせて9人の人たちを招へいしたが、この中にスウェーデン・グルンデン協会から理

事のマーリン・アシュトレイさんとジェーン・ハルビさんが含まれていた。第1節、第2節で紹介した2000〜2001年度のグルンデン協会の組織改変の取り組みを第Ⅰ変革期とすると、2002〜2005年度を第Ⅱ変革期と呼ぶことができる。第Ⅱ変革期と呼ぶことのできるグルンデン協会がどんな組織になったのかを、2005年11月3日のマーリンさん、ジェーンさんの講演「スウェーデンにおける本人活動・地域生活支援とグルンデン協会」から類推していただくことにする。

　マーリン・アシュトレイ、ジェーン・ハルビと申します。スウェーデンのグルンデン協会からまいりました。今日は、グルンデン協会についてお話しいたします。
　グルンデン協会はFUBという親の会の一部としてスタートしましたが、2000年に独立しました。
　私たちの活動は、幾つかの部分からなっていまして、まず理事会、プロジェクト担当グループ、メディア、映画、ウェブサイトのデザイン作成、カフェ、レジャー、それから旅行などに分かれています。
　事業を統括している執行部のメンバーは5人。2人のコーチもいます。
　グルンデン協会には、ほかの組織と同じように規約があります。この規約の中にはグルンデン協会独特の内容も含まれています。みんなに自分たちの生活について決定や話し合いをする際にぜひ参加してほしい、他の人たちと同じようにみんなにも教育を受ける権利、働いたり同じような生活をするような権利をもってほしい、差別と偏見と闘います、しょうがい者に対する他の人たちの態度を変えてほしいといった内容が、グルンデン協会独特の規約の中身です。
　グルンデン協会のメディアのグループの活動内容ですが、新聞や雑誌をつくったり、ラジオ番組を制作したり、フィルムや映画を制作したり、情報提供をしたり、ウェブサイトをつくったり、ほかにもたくさんの活動を

しています。

　グルンデンのメンバーは、お昼を食べにいらっしゃるお客様のために、おいしい食事を用意しています。パンやペスカトーレを作ったり、夜になるとビンゴゲームをして楽しんだりする、そういうコーヒーショップを経営しています。このコーヒーショップは食べ物がとてもおいしくて、健康的な食事を提供するということで特別賞を受賞しました。

　それから映画やウェブサイトのデザインをやっているグループでは、映画の自主制作をやったり、あるいは私たちのため、また他の人のためのウェブサイトづくりをやったりしています。私たちのウェブサイトのアドレスは、www.grunden.se です。

　余暇活動のグループですが、1週間に2晩、オープンハウスという催しをやっています。例えばパンを作ったり、ペインティングをするような会をやったり、ダンスをしたり、映画を鑑賞したりしています。それからコンピューターとITの部屋を開放しています。また、1週間に2日乗馬も楽しんでいます。アイスランドの馬に乗って乗馬をしたり、またパーティをするときもあります。

　旅行の活動ですが、イェテボリというところにグルンデン協会がありますが、その町の人たち200人ぐらいがこの旅行に参加しています。普通の旅行の場合もありますし、女性のための旅行、釣り、音楽を楽しむ旅行など、特別なテーマごとの旅行もあります。だいたい出かけるときは、6人以下の小さなグループで2人のガイド付きで出かけます。

　プロジェクトにかかわる活動ですが、いろいろなプロジェクトがあります。インターネットにアクセスできるようにするためのITプロジェクト。それから人間関係や愛やセックスなどについて語り合うプロジェクト「クリック」というものがあります。それからまた、国政選挙をより投票しやすくするための情報提供などの活動も含まれます。また本当の意味で、やりがいのある仕事を得るための就労、仕事、職業に関するプロジェクトも

あります。

　グルンデン協会はいろいろな賞を受賞していますが、その中には、EUの社会統合に関する活動に与えられた金メダル、それからイェテボリ市のアクセスの問題を取り上げたときにも表彰されました。また、スウェーデンの映画協会から、短編映画部門で2等賞をもらったこともあります。またローズ・マリー・デイビッド賞も受賞しました。

　私どものグルンデン協会は、まず第一ステップとしてスウェーデン国内の団体としてスタートしました。政府の資金を申請して、2006年1月から活動が開始できると期待しています。それから、しょうがい者のグループとして、サービスの本部をイェテボリに置いて、自分たちの活動をし、2人のコーチに支えられながら進めていきたいと思っています。それからまた、地域のオフィスも5カ所設けました。東に1カ所、西に1カ所、北に2カ所、南に1カ所です。これら全部がうまく軌道に乗るのに3年ぐらいかかると思います。

　次に、国際的な活動ですが、グルンデン協会は世界じゅうにその名前を知られています。幾つかの国際会議やシンポジウムなどに参加しています。これは、オランダやヨーロッパの他の国々と一緒に企画した会議などです。それからまた、日本とチリにおいても本人支援のための活動を行っています。

第4節　グルンデン協会の見事な発展
——元総合施設長アンデシュ・ベリストロームさんからのメッセージ[4]

　本人支援のあり方と地域生活支援システムについて研究してきた立教大学地域移行研究センター他の招へいで、11月3日から8日まで、スウェーデン・オランダの知的しょうがい者の当事者組織の本人と支援者たちが東京・新潟・北海道・大阪でセミナーや集会に参加し、関係者と交流を深めてきた。その

中のお一人である、スウェーデン・イェテボリ市にあるグルンデン協会の元総合施設長（2005年1月より複数の当事者がそのポストについている）であり、支援者のアンデシュ・ベリストロームさんに日本を発つ前日にお話を伺った。

　アンデシュさんは、スウェーデンで百年の歴史をもつ民間の知的しょうがい者入所施設の職員だった。この施設は今はもうない。スウェーデンでは、1986年に施行された「精神発達遅滞者等特別援護法」に入所施設解体が初めて盛り込まれ、97年の特別病院・入所施設解体法で99年12月31日までにすべての入所施設・特別病院を解体し、利用者を地域生活に移すことが決められた。アンデシュさんはグルンデン協会（85年に親の会が設立したが、2000年に独立、当事者が理事会の理事を務める）の総合施設長をしていた95年から98年にかけて、施設解体を計画していた知的しょうがい者入所施設ベタニアの副理事長となり、利用者が地域のグループホームやケア付きアパートに移り住む計画の推進役を担った。その後、グルンデン協会の独立を支援し、当事者主体の組織にするためにはどうしたらよいのかを考え続けてきた。

　「スウェーデンでは確かに、建物だけを見れば入所施設はほとんど解体され、数十名の方が残っているだけです。しかし、施設を出た一人ひとりの生活という点で見れば、グループホームなどに変わっただけで、施設的な伝統とか考え方、培ってきたものは残り続けています。それは、施設のコンセプトを地域に持ち込み、施設時代と同じことをやっているからです。地域に移り住んだ後も、居住者を管理したり、自己決定を阻害するなど、まだ問題は多いのです」
　「こうした伝統は、時間がたてばひとりでに薄れていくというものではなく、当事者たちが行動を起こさない限り、永遠に続くものです。私たちグルンデンは、『施設を打ち砕け！　現実へようこそ』というキャンペーンをして、このような施設モデルがなくなるように働きかけています」

「施設的な伝統は、私たち自身の中にもあります。ですからこのキャンペーンはグルンデン自身をも対象にしています。私自身を含め、長いこと施設で働いた経験をもつ人たち、施設で生活してきた人たちは、施設モデルを強く持ち続けているのです。施設は百年以上存在してきたので、施設モデルをなくすためには百年以上かかるかもしれません」

筆者がイェテボリを訪ねたとき、グルンデンのメンバーが働いているデイセンターで、車いすの方が縛られて身動きが取れない状態のまま放置されていた様子を見たことがある。そうしたことについて、グルンデンがどう考え、どう働きかけているのか、アンデシュさんに質問を投げかけてみた。

「その職員が誰かはわかりませんが、このことは施設モデルがどれだけ人の中に浸透してしまっているかをよく表していると思います。このデイセンターで働いている人にしてみれば、それは毎日の光景、日常のものになってしまっていて気付けなくなっているのだと思います。この秋から私たちは、虐待を見過ごさない、耐えないということを決めました。こういった暴力的なことや虐待はなかなか表面化しないということがありますので、少しでもわかった段階で、犯罪として警察に通報するという取り組みを始めようと考えています」

グルンデンの組織改変やグルンデンが行っている様々な活動は、地域で生活する知的しょうがいのある人たちに対して大きな影響を与え、役割を果たしてきている。2005年の1月、当事者が理事会のメンバーになるだけではなくて、アンデシュさんが務めていたポジションとその役割を担うことになった。

「グルンデンは本人たちの組織、団体であるというのがまず根底にあります。2000年に親の会から独立し、当事者団体として活動を始めました。けれどもその翌年から、理事会には当事者がいるけれども、もっとも権限のある地位に人を雇っている、例えば私みたいなですね、ということに気づきました。最初に気づいたのは、理事のアンナとデービッドでした。そして3年前に構造を変えようという決定がなされました。変えると決めてから3年間という長い時間がかかってしまったのは、まず第一に、メンバーを有給で雇おうと考えたからです。そのために私たちは多くの時間とエネルギーをかけて、資金提供してくれる団体・財源を探しました。結局その財源を得ることができなかったので、最終的に、メンバーは年金と手当で生活はできる、有給でなくとも、今は構造を変えることのほうが大事だという結論になりました。第二に、他の当事者団体が実際どういったことをやっているか、研究、調査を行いました。しかし、いい例がありませんでした。そこで、当事者代表に権限が集中しない私たちなりの組織づくりを行うことにしました。長い時間がかかってしまいましたが、新しい組織の運営が1月から始まっています」

現在、グルンデンでは、11人の当事者が理事を務める理事会（最高決定機関）の下に、総合施設長と四つの事務局ポストがあり、いままでアンデシュさんが担ってきた執行機能を5人の当事者が担っている。この機能を、アンデシュさんともう2人の支援者がサポートする体制に変えた。9月にグルンデンを訪れたとき、組織の構造が変わっただけでなく、責任ある地位についた方たちが自信をもって仕事をしていることが確認できた。しかし、アンデシュさんには、執行機能の権限を当事者に譲り渡し、本当の意味での当事者主体の組織に変えていくという決断にジレンマはなかったのだろうか。

「本人の組織だと言っているのに、責任ある部署に本人がいないという

ことは変だと思いましたので、私自身もやはり職を退くべきだと思いました。そのことに葛藤はありませんでした、というより安心したというのが実感です。こうすることによって当事者のリーダーシップを全体的に高めることができるようになると思ったからです。私が辞めることによって、多くの人がもっと興味深い責任ある仕事につくことができるようになりました。彼らに任せることに関しては、何も心配していませんでした。もっともそのためにプロのコンサルタントを雇ってリーダーシップ・トレーニングを時間とお金をかけて行いました。私が以前いたオフィスには２人の当事者が仕事をしています。私には小さい机と小さなパソコンがあるだけです。私自身の仕事の仕方は、昔も今もあまり変わっておりませんが、私以外の人たちが何かあったときに、私ではなく新しい事務局メンバーに最初に聞くようになったこと、それが一番大きな変化です。それと書類にサインするときに、私がサインをしなくなったことですね」

「一方では、私は給料を払われている身で、支援者としてグルンデンに雇用されています。そういう意味では、以前よりも今のほうが、組織に対して、メンバーに対して、周りの人々に対して責任を感じています。今この状態で私が何か悪いことをすれば、それがすべて組織に影響してしまうという立場にいるわけです。でもそれに関しては、私自身プレッシャーとは思っていません。むしろ誇らしく思っています」

ノーマライゼーションの実現のためにスウェーデンは法制度をはじめとした様々な分野で、社会の意識を変えるために次々と実験的、先進的な取り組みを進めてきた。そうしたスウェーデンのなかでも、グルンデン協会のように知的しょうがいのある当事者たちが組織の決定・運営実務を実際的に担い、支援者・職員を雇い、メディア活動（新聞・雑誌、ラジオプログラム、ウエブサイト制作）や映画制作、喫茶店運営、余暇活動、権利擁護活動や国際的なネ

ットワークづくりなどの多様な活動をしている団体はない。日本でも、知的しょうがいのある当事者の活動が活発化し、全国組織ピープルファーストジャパンも結成され、厚生労働省との交渉や要求活動を繰り広げたり、施設等での虐待問題に取り組んできている。しかし、組織的・経済的・人的基盤が弱く、また当事者決定と支援のあり方などでも課題は多い。知的しょうがいのある人とともに歩んでこられ、当事者のエンパワメント、尊厳や権利回復の活動を支援してこられたアンデシュさんに、日本の当事者活動・支援のあり方にアドバイスをいただいた。

「日本は3回目ですが、最初に来た（2000年）ときと比べて権利ということに向かって、かなり早いスピードで進んでいると思います。より多くの方が発言するようにもなりました。とても素晴らしいことだと思います。今回、セミナーや集会で話を聞いている限り、日本には何も問題がないような印象さえ受けました。けれども本人、親の方たちと話してみますと、心の中ではとても悲しいつらい気持ちをまだお持ちで、疲れ切っているような印象さえ受けました。こうした問題は政治の場に持っていかなければ解決しません。政府にとって今しょうがいのある人の問題は優先事項にはなっていないようですし、障害者自立支援法では、サービスに対してお金を払わなければいけないということで、後退さえしています。施設は縮小されるものがある一方で、新たにつくられるものがあるという状況があるのは、とても残念なことだと思います。親の会は、子どもを小さいうちに施設に入れるということは、その子の一生を破壊してしまうことになりますし、現在施設に入れられている方たちはもう人生を破壊されているということをきちんと認識しておく必要があると思います」

「また、私の経験から言いますと、同じ人たちだけで話すと、どうしても解決策がそこで完結してしまうという限界があります。様々な分野の人

たちが混ざって話し合うということは、とても重要だと思います。一緒に活動をするなかからお互いに学び取っていくことが必要なのではないでしょうか。物事を複雑にせず、『心で考える』ことが必要だと思います。お互いにわかり合えるようにすることで、これまでと違った共通の価値観をもてるのではないかと思うからです」

注

1）NHK厚生文化事業団創立40周年記念シンポジウム「スウェーデンの仲間たちをむかえて～知的障害のある人の自己決定と自立支援を考えるつどい～」は、2000年11月19日（日）10：30～16：30、東京・JAホールで、11月26日（日）10：30～16：30、大阪国際交流センターで行われた。当日の配布資料はあるものの、この2人のメッセージ全文が報告書等で公開されることはなかった。このメッセージは参加者のビデオ録画の通訳部分（通訳者：ルンド大学社会福祉学研究科研究員・ボルグレーン－松井芳子さん）を起こし、筆者が若干文言の修正を行った。

2）本稿の初出は日本社会福祉学会第49回全国大会（2001年10月21日・沖縄国際大学）における口頭発表（報告要旨集162頁）においてだが、グルンデン協会の組織改変に関する以後の筆者の著作の中でも度々引用している。

3）河東田博監修『福祉先進国に学ぶしょうがい者政策と当事者参画』現代書館、2006年。特に、第4章の中で詳細に紹介されている。

4）下記文献からの転用だが、本書用に一部修正をした。
　アンデシュ・ベリストローム「新しい価値創造への挑戦：自ら退き、当事者組織を支える」（インタビュー、聞き手：河東田博）『季刊福祉労働』109号、現代書館、2005年、8～12頁。

第3章 グルンデン協会からパンジーへ

パンジー「かえる会」(梅原義教・生田進ほか)
グルンデン協会(トミー・アンデション、アンデシュ・ベリストローム)
パンジー代表・林淑美

　2001年8月10日、知的しょうがいのある人たち4人と、支援者13人でスウェーデンに旅発ちました。出迎えてくれたのは、イェテボリ市にあるグルンデン協会で当時理事長をしていた当事者のハンスさんと、同じく当事者で当時副理事長のアンナさん、そして支援者のアンデシュさんでした。

8月10日		関空発（フランクフルト経由）イェテボリ着
11日～12日		解体された入所施設、「ストレッテレッド」訪問
13日	午前	ハンスさん・アンナさん・アンデシュさんとの懇談
	午後	「犬の保育園」を訪問(生協方式の当事者主体の活動をしている所)グルンデン協会を訪問
	17時	代表者のみ理事会を傍聴
14日	午前	喫茶「エークラナ」(理事会やエークラナの人たちの日中活動や仕事について話し合い)
15日	午前	解体された入所施設「ベタニア」跡地訪問
16日	午前	グルンデン・メディアの訪問
17日		ハンスさん・アンナさん・アンデシュさんとの懇談(総括討論)
18日		イェテボリ発
19日		関空着

2001年スウェーデン研修日程

　グルンデン協会の理事会や、生協方式の日中活動の場である「犬の保育園」等を見学したり、当事者主体について意見交換をしてきました。その中で私

たちは、「当事者主体とは、ゆっくりペースである」ということを学びました。そして日本に帰ってきてから、パンジーを「ゆっくりペース」にするにはどうしたらいいかを話し合ってきました。

そこでわかったことは、ゆっくりペースとは、当事者が自分たちで考え活動できるよう、情報提供の工夫を心がけたり、話し合いの時間を多くもつようにすること。そして話し合うことによって当事者が活動の中味や流れを理解し、エンパワメントすることをめざすことであると考えました。

この1年間パンジーでは、3人の当事者が発足させた「かえる会」で決定した「職員だけで決めるな。当事者同士もっと助け合おう」を具体的に実践することを課題としてきました。そして当事者が中心になり事務所をつくりました。それが「はっしんきち　ザ☆ハート」です。「ザ☆ハート」の入り口の鍵は当事者が持ち、共に働く支援者を選び、どんな仕事をするのかについて話し合いながら活動しています。

（林　淑美）

第1節　スウェーデンに負けてるなあ
　　　——2001年、グルンデン協会を視察して

1　スウェーデンに負けてるなあ

2001年の8月10日から19日まで、スウェーデンのイェテボリに行って当事者の活動を勉強してきました。

解体された入所施設を見学しました。そこは会議室や、老人ホーム、一般住宅として利用されていました。スウェーデンには、もう入所施設は一つもないそうです。日本にも入所施設はいらないと思います。だから、ピープル・ファーストの仲間などに、「入所施設はもういらん」と伝えていきたいです。

グループホームも見学しました。スウェーデンのグループホームは日本のグループホームと比べて、とても広くてきれいでした。キッチンやベッド、トイレ、風呂も1人に一つずつあります。まるで一人暮らしをしているよう

でした。一人でできないことがあったら、ボタンを押すと、同じ敷地内にいる介護者が来てくれるので安心です。「日本もそうなればいいなあ」とうらやましく思いました。

　当時者が働いている「犬の保育園」や、喫茶店にも行きました。

　喫茶店で働いている当事者は、自分で注文を取ったり、コーヒーを入れたり、運んだり、バイクで配達もしていました。注文票やメニューは、写真や絵や大きい文字を使ってわかりやすく工夫してありました。週２回しか営業していません。他の日は、買い出しや話し合いをしています。いろんなことがゆっくり話し合えると思います。パンジーでも、もっと当事者同士でゆっくり話せる時間があったらいいけど、今は、パンや弁当づくりなどでいそがしいので、時間がありません。お客さんも大切なので、休むわけにはいきません。どうしたらいいのだろうと思います。

　他に、グルンデンメディアを見学しました。グルンデンメディアでは、当事者が当事者向けのテレビ・ラジオ番組や、新聞を作っていました。カメラもインタビューも当事者がやっていました。とても難しそうでしたが、ちゃんと説明してもらったらできそうなので、パンジーでもやってみたいと思います。

　スウェーデンに行ってみて、日本はスウェーデンに負けていると思いました。日本がスウェーデンのようになるには、まだまだ時間がかかりそうですが、そうなったらいいなあと思います。

（「かえる会」・梅原義教）

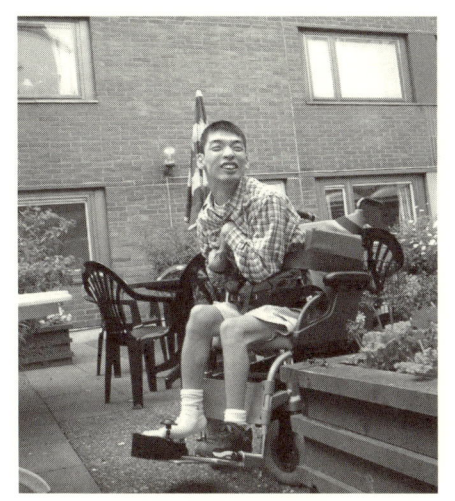

写真1．グルンデン協会にて

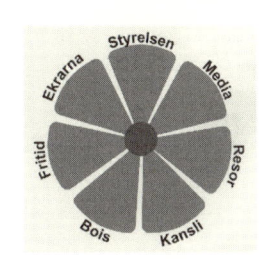

図1．グルンデン協会構成要素

写真2．グルンデン協会の建物　　写真3．グルンデン協会の一室

第3章　グルンデン協会からパンジーへ　55

2 ハンスさん・アンナさん・アンデシュさんとの懇談から

写真4．左からアンナさん、ハンスさん、アンデシュさん（グルンデン協会にて）

話をしてくれた人
- ハンス・リンドブロム：グルンデン協会の理事長（当時）。9年前から理事長をしていた。グルンデンメディアの仕事もしている。知的しょうがいのある人にもわかりやすいラジオやテレビ・新聞をつくっている。13カ月になる男の子がいた。
- アンナ・ストランド：グルンデン協会の副理事長（当時）。週2回、昼間は喫茶エークラナで仕事。それ以外の日は、グルンデンのいろいろな事務を少しずつしている。今、44歳（当時）。結婚している。子どもはいない。
- アンデシュ・ベリストローム：グルンデン協会の支援者。

グルンデン協会ができるまで

アンナ：

　16年前にグルンデンの活動が始まりました。その前は、しょうがい者の両親たちが、組織の運営をしていました。私たちは喫茶部門を担当していましたが、私たちのやりたいことがあっても、親の側でいろいろ決めてしまうので、やりたいことができない状態でした。親の会から独立するまで、知的しょうがい者と親たちとの間で葛藤や論争が長く続きました。

「知的しょうがい者である私たち自身が、すべて、私たちのやりたいことを決めたい」ということからグルンデン協会が始まりました。

グルンデン（基礎という意味）という名前は、最初の集会所がアパートの地下にあったからです。自分たちの力で、その自転車置き場を改装することから始めました。きれいにインテリアを変えたり、身体しょうがいの人も使いやすいようにしました。

インテリアの次は、パーティを企画しました。とても楽しいことでした。その時、初めてアンデシュと出会いました。それから 22 年来の友だちです。アンデシュは、私たちのことをよくわかってくれ、いろいろなことをわかりやすく説明し、きちんと伝えることがとても上手です。グルンデン協会をどう運営したらいいかというような知識は、アンデシュから教えてもらいました。協会が公的にも組織として認められるようになるためにも協力してもらいました。そのためには、知的しょうがい者どうしの間でずいぶんいろんな話し合いをしました。

自転車置き場から、大きくてきれいな所に移りました。さらに 1 軒の家を手に入れ、修理改装して、活動はすべてそこに移って、いろいろなことができるようになりました。

その中で、日中活動の一つとして、喫茶店を経営するようになりました。午前と午後のコーヒー、お昼の軽食を出す「エークラナ」という店です。喫茶店としては場所が良くなかったので、その後、喫茶店のための場所を見つけて、エークラナは他へ移りました。

ハンス：

最初、グルンデン協会は FUB という親の会の活動の一部でしたが、そのあと、知的しょうがい者だけで運営する形になりました。親の会の人たちは、経済面をはじめ、小さなことも、すべてのことを非常に心配しました。特に経済的なことを心配しました。これについては、専門の会計士を雇うことで解決しました。

1年に1回、グルンデン協会の会員が全員集まる大きな会議を開きます。私にとって、知的しょうがい者だけですべてが運営されることは、とても気持ちのいいことです。

　　グルンデンのキーワード
　①自分が自分の考え、意見を言うこと。
　②自分で自分の生活を決定すること。
　③参加すること。
　④プライバシーの尊重をもつ権利。個人の尊厳。私的な生活をもつ権利。
　⑤社会の情報提供。インフォメーション情報。
　社会にはこういうものがあるということを、より広く大勢の人に伝えていくことが私たちの役目です。「これで終わり」というものはありません。状況が変わっていけばまた出てきます。絶えず追求していく必要があります。

　　グルンデンの活動について
　グルンデン協会には、六つの活動や部門と、理事会があります。
　職員は、ほとんどがパートタイムの人です。全部で100人くらいの職員がいます。余暇活動の付き添いや、旅行のときだけの臨時の人もいます。常勤の職員は16人で、事務局と、他の五つの部門で働いています。
　グルンデン協会にとって、経済面はとても大事なことです。正式な資格のある会計士を1人、職員として雇い、すべてをその人が管理しています。
　1年に1回、3月に総会が開かれます。六つの部門から活動の報告があります。それから、次の1年で何をしたいか意見を出し合い、そのためにどういう予算が必要かを話し合います。
　①グルンデンメディア
　知的しょうがいのある人にとって、理解することが難しい内容を、わかりやすいマークを使うなどして、より理解しやすいものにします。そうするこ

とで、必要な情報が自分たちのものになれば、生活がより豊かになります。また、知的しょうがい者が理解しやすいメディアは、健常者にも理解しやすいものになります。この実績として、わかりやすい選挙のパンフレットの制作があります。

ラジオやテレビ、映画制作などをしています。

日中活動の場（デイセンター）の一つとして、運営しています。

写真5．グルンデンメディアの入口

②喫茶店エークラナ

協会ができる前から経営しています。以前はグルンデン協会の事務所の中にありましたが、事務所の人しか利用しないので、町の中の住宅街に移転しました。多くの人に知ってもらえることができました。水・金に営業しています。週に2回しか営業していないのは、他の日を店の掃除や会議の日に当てているためです。日中活動の場（デイセンター）の一つとして、運営しています。

③旅行

1年に1回、会員それぞれが大きな旅行を計画します。2、3人から10人以下の小グループで、国外旅行に出かけることもあります。事務局で宿泊や

写真6. エークラナの建物　　　　　写真7. わやりやすいメニュー

交通の手配の手伝いをします。延べ250人くらいが旅行に出かけます。

　④スポーツ／グルンデンボイス　BOIS

　ボールゲームやスポーツの同好会グループがあり、約100人の会員がいます。BOISのフットボールチームは、とても優秀です。

　⑤余暇活動

　週2回、水曜日と金曜日の午後に、グルンデンで行っています。会員以外の人も参加でき、自由に、創作や絵画、陶芸、ディスコなどを楽しめます。余暇活動リーダーという職業があるので、学校等に人を送り、リーダーになってもらいます。

　⑥事務局

　主にアドバイザーとして機能しています。4人の職員が働いていて、全員が支援者です。アンデシュは日中活動のチーフです。余暇活動のアドバイザーが1人、相談員（ソーシャルワーカー）が1人、会計事務の職員が1人いますが、いずれは当事者にと考えています。

グルンデン協会　理事会

　グルンデンの活動内容をすべて決めるのが理事会です。理事会にはそれぞ

写真8．サッカーの試合に出かけるチームのメンバー（地元のテレビ局も取材に来ていた）

れの活動が順調にいくように進める責任があります。特に経済面の責任は重大です。グルンデン全体の年間予算は650万クローネ（注：日本円にすると2008年6月現在約1億2千万円）です。

　理事は全部で11人です。規約では半分は知的しょうがい者でなくてはいけないと決まっていますが、2002年3月の全体総会では、11人のうち全員を知的しょうがい者にするように変えようと話し合っています。しょうがいのない人が話をするより、知的しょうがい者が多いほうがすべてのことが早く進められるからです。

　グルンデンのこと以外に、学校、住居、仕事、余暇活動が理事会の大きな課題です。

　　①学校について

　知的しょうがい者は養護学校に通っていますが、私たちは知的しょうがい者も一般の学校に入るべきだと思っています。一般の人たちは、もっと知的しょうがい者への理解を深めるべきです。養護学校の予算や教員を一般の学

校に移し、その中でいじめや差別が起こらない体制をつくるべきだと考えています。

　②住居について
　どこに、どんなふうに住むか、どう過ごすかは、自分たちで決めたいことです。入所施設はなくなったので、今、知的しょうがい者は一般の住宅かグループホームに住んでいます。助けが必要な人はグループホームに住みます。グループホームで誰と住みたいかは、自分で決められるというのが考え方の基本ですが、実際には「今ここが空いていますよ」と言われて、そこに入るしかないのが現状です。できれば一般住宅に住み、ホームヘルパーが来る形にしていきたいと考えています。グループホームでは、洗濯、掃除、買い物や料理など、生活のしかたを学びます。

　③仕事について
　一般の人と同じように、仕事をして給料をもらいたいと思います。養護学校を卒業すると、求人はほとんどなく、デイセンター（作業所）に行くか、失業者になってしまいます。そうではなくて、普通に働いて普通に生活することを望みます。知的しょうがい者は、自分たちの意志に関係なく、国や市の制度で年金生活になってしまうのですが、自動的に年金を受けるのではなく、働いて給料がほしいと思います。

　④余暇活動について
　基本は、自分たちが楽しい、おもしろいことを中心にやっています。ヘルパーがついて、一般の人たちがスポーツをしたり遊んだりするような場所へ行ったりしています。余暇活動を支える人材育成が課題です。

　　グルンデン協会　理事について
　理事の任期は、半数が２年、半数が１年でした。今年から、半数は３年間、半数は２年間、理事長は３年間務めることに決まりました。
　グルンデンの活動として、国内、国外の同じような団体との交流がありま

す。国外でよく交流しているのはオランダのグループです。また、インクルージョン・ヨーロッパという全ヨーロッパの育成会のような組織がありますが、ハンスさんは理事の1人です（そこでは15人の理事のうち当事者は3人だけ。グルンデンとオランダのグループから、当事者会にするよう提案、要求しているそうです）。ヨーロッパの8カ国で、当事者の活動について話し合いをする特別な委員会を開いています。イギリス・フィンランド・デンマーク・ポルトガル・フランス・ドイツ・オランダ・スウェーデンの8カ国です。

　スウェーデン国内には、FUB（全国知的しょうがい児童青年成人連盟）という親の会の下で、「クリッパン」という全国当事者組織の活動もあります。

グルンデン協会の建物
1F：
受付・相談の部屋・アンデシュさんの部屋・掃除の職員の部屋がありました。絵、陶芸をする部屋＝週2回、オープンハウスとして利用しています。陶芸、絵の専門家もリーダーとして来ることもあります。
エルドラード＝身体しょうがいの人が、リハビリをする所です。200個くらいの機械があって、ウォーターベッド（振動で音を感じる）がありました。

写真9．説明をするアンナさん　　写真10．ちょっと一息コーヒータイム

やすらぎの場＝靴を脱いで入ります。ちょっとした会議もします。
集会所＝BOISのトロフィーが飾ってありました。
2F：
成人教室の部屋＝興味があれば、グルンデンの会員も申し込んで使えます。
コンピューターの部屋＝二つありました。
会議室
大きな多目的ホール＝ダンスパーティ、バンド演奏、家族を集めてパーティ、誕生パーティ、結婚披露パーティ等をする所です（＊グルンデン以外の人への貸し出しもしている）。

Q&A　質問タイム

Q：知的しょうがい者が理事長になるのは難しくないですか？　ハンスのようになりたいです！

ハンス：理事長になって、難しいことも、思ったより簡単なこともあります。難しい問題があっても、いつもアンデシュが横にいて適切なアドバイスをしてくれます。国際会議となると言葉の問題もあるので、アンデシュの手助けなしには、知的しょうがい者の自分が理事長や役員を務めることは難しいと思います。助けてくれる人は絶対必要です。

　9年間リーダーを努めてきて、自分で、自分自身の力が高まったことを感じます。理事長として大事なことは、会員みんなにわかるように話すことです。役員は代わったりしますが、だいたいはよく知っている人たちです。どんなふうに話をすれば相手がわかるかを知って、話のしかたをコントロールしています。会議に出ているすべての人が「わかっているか」に気を配っています。

　会議では、隣同士でコソコソ話すのは禁止です。何かあれば手をあげてみんなの前で言ってもらいます。議題に集中して、他のことに気をそらさないようにします。それから、必ず一人ひとりがどう思っているか発言するよう

にします。

アンデシュ：知的しょうがい者が一番上に立つのは、たしかに難しいでしょう。でも、誰にでも、できること・できないことは必ずあるものです。ハンスをサポートするとき、「それはできる」「それはできない」ということは言わずに、どうしたらできるかを考えます。

　グルンデンを支える人は、知的しょうがい者が「自分たちで決めたい、やりたい、運営したい」ということで始めた気持ちを貫かないといけないと思っています。心配は限りなくありました。経営や、人を雇うことなど、とても不安でしたが、普通の会社でも必要なことにはそれに適した人を雇うものです。グルンデンでもできないわけがありません。できないことをしてもらうために、外から専門家を雇って、知的しょうがい者が運営していくことにしました。

　グルンデンの理事長を知的しょうがい者がやるのは意味があります。会員はみんな知的しょうがい者ですから。すべてを完璧にやれる人なんていません。助けてもらうことは誰にでもあります。しょうがいがあるかないかは関係なく、周りの人たちがどう支えるかが問題なのです。

　グルンデンに雇われている職員は、いつも彼らがきちんと理解できているかどうかを考えて働いています。わかりやすいやさしい文章にしたり、説明を加えたり、時間はかかるかもしれませんが、そういうことが必要なのです。

Q：理事はいくら給料をもらっていますか？　当事者と事務局職員との関係はどんなふうですか？

ハンス：理事への給料はありません。（※当時は年金で生活をしていたので、それ以外から給料をもらうことはできない制度になっていたそうです）。

アンデシュ：事務局職員の4人は、グルンデンに雇われている立場です。中心人物というわけではなく、起こった問題を解決したり、グルンデンが必要とすることを、給料をもらってしています。ハンスとアンナは週2回、事務

局に来て話をしています。事務局に知的しょうがい者が入って働いてもいいんじゃないかと、思っています。
ハンス：週2回、いろいろなことを教わっています。事務局ではどんなことをどういうふうに進めないといけないか、というようなことです。
アンデシュ：そのうちハンスが、今私のしている仕事をしてくれるようになって、私はクビになるかもしれません。ただ、今は、当事者が事務局で働くとなると、その支援をする支援者をもう1人雇わないといけなくなりますが、2倍の人件費を払う経済的余裕はないので難しいのです。
ハンス：グルンデンのために職員として働くか、メディアの仕事を職業としてやるのが将来の夢です。私は学習しょうがいとうつ病があります。何かを理解するためにとても時間がかかりますし、ストレスに非常に弱いです。ストレスがかかるとパニックになります。

　会議の場所では、普通の人はすごい速さで話をしますが、私はスピードについていけません。普通は、何かフィルターを通して、大事なことをつかむ力があるらしいのですが、私にはそれがありません。見たことや聞いたことのうち、何が自分に必要なことか、何が小さなことかを選べないので、たくさんのことを全部情報として聞いてしまい、とても混乱します。会議に出るときは、いつも110％の力を出していないといけません。会議があったり、いろんな人と会った日は、しんどくなって夜眠れないことがあります。

3　グルンデン協会の理事会

　4人の当事者と1人の支援者が、グルンデン協会の理事会の傍聴をすることができました。今回の出席者は、当事者が7人、健常者（理事）1人、アンデシュさん（支援者）でした。どんなことが、どんなふうに話されていたのか、紹介します。

始めに
・ビデオ撮影の承諾を得る
・議題の用紙が配られる
・記録係が選ばれる

　話し合った内容
・実習や見学について：オランダからの見学
・会計について：クレジットカードをつくろう。現金を持ち歩くのはいやだ。会計担当者は会計をわかりやすく説明してくれている。よくやってくれている。
・テーマの日を持とう：興味のあることでテーマの日を持とう。そして会員全員が意見を出すべきだ。
・2人職員を雇う：試用期間を設ける。
・余暇活動の提案：もっと活発に。女性だけの活動（歌や劇場）があってもいいのでは。
・予定の説明：
　　10月の映画祭
　　8カ国の当事者会議については、ハンスさんやアンナさん以外の人が行ってもいいのではないか。
・前回の理事会で決定したことの再度の話し合い：
　　前々回の理事会で健常者の理事より活動方針の提案があった。当事者の理事の出席も少なく、提案も早口だった。文章がわからなかった。わかりづらいと思ったが、雰囲気にのまれて承認した。健常者にひっぱられた感じがした。前回の臨時理事会で白紙撤回した。その臨時理事会には健常者の理事は出席していなかった。
　　今回、健常者の理事が、この間の経過に異議を述べていた。そして、それぞれに前述のような意見を言い、一人でも議題がわかってないのは問題

だという趣旨の提起がアンデシュさんよりあり、もう一度、時間をかけて話し合うことになった。
・オランダの会議の報告：
　　グルンデンのお金で行ったから、みんなに報告するべきだ。
　　オープンハウスかテーマの日に報告することになった。
・役員は携帯電話を使いすぎ。
・職員はコーヒーが無料。理事は払っている。矛盾している。
・一人の職員の話が難しすぎると不満が出る。

理事会後の交流会
・理事会の構成。職員は入れない（ベンクト・ニィリエ[注]の指導）。
　　アンデシュさんは支援者として入っており、月2回の理事会の1回に参加している。
　　規約の第6条の検討をし、当事者の数を半数以上から9人に変更する予定（注：2002年より全員が当事者理事となった。）。
・当事者にとって大切なこと
　　どういう人となら仕事がやっていけるかを考えることが大切だ。うまくやっていける人かどうかを判断しなければならない。職員の態度で大切なことは、当事者に尊敬の気持ちをもつことと、当事者一人ひとりを見て、個性を大切にすることだ。これは、グルンデンが大切にしていることと同じ。
　　また、一人ひとりへの支援を見極めること（してほしいこと、してほしくないこと）や、職員同士でしょうがい者の話をしないのが原則だ。これは陰口になる。医者が当事者のことを職員と話したことがある。それはいやだった。その人と話すのが大事だと思う。
・議案について
　　議案は前もって送らない。読まない人やポストをあけない人もいるから。

時々難しい言葉が使われるが、そういう言葉をできるだけ使わないようにしている。そして、理事会ですべての理事が理解できる説明を心がけている。
・理事をやっている感想
　だいたいはうまくいっているが、すべてがうまくいっているのではない。わからないことにはストップをかける。そして、できなかったら後回しにする。プライベートな話もして親しくなるのはいいことで、理事は家族だと思っている。

　傍聴した感想
・もめていた。うまくいったか心配。
・けんかみたいな感じがした。もめていたので時間がかかったが、ハンスさんが1日かけても話し合おうといっていた。
・会計など大きい議題は、担当者が信頼できる人かどうかで判断しているようだった。
・直接関係のある議題については、いろいろな意見がでていた。
・理事は家族だと思っているという言葉が印象に残った。
・もめていたことについては、当事者主体で物事を進めていこうとしたときに、避けて通れないことだと改めて痛感した。起こったことより、解決するためのプロセスでのみんなの感じ方が大切だと思った。

注　ベンクト・ニィリエ……スウェーデン人。著書に『ノーマライゼーションの原理』がある。この本の中に次のようなことが記されている。
　「ノーマライゼーションの原理は、知的障害者やその他の障害のある全ての人が、彼らがいる地域社会や文化の中でごく普通の生活環境や生活環境にできる限り近い、もしくは全く同じ生活形態や毎日の生活状況を得られるように、権利を行使することを意味している。」(河東田博他訳編『ノーマライゼーションの原理』新訂版、現代書館、2004年、130頁)

4 アンデシュさんのお話──解体された入所施設ベタニアで

写真11. ベタニア１　　　写真12. ベタニア２　　　写真13. アンデシュさん

　ベタニアとグルンデン協会は関係がありませんが、解体の後、グループホームをつくりました。数年前にベタニアは解体されて閉鎖しました。解体時まで80人の人が住んでいました。多いときは、200人も住んでいたことがあります。今はこのベタニアに住んでいる人はいません。みんなは地域のアパートやグループホームに移っていきました。

　今日はグループホームの見学ができません。なぜなら賃貸契約している個人が住んでいる家なので、ズカズカ入って行くことはできないからです。これが入所施設解体ということです。

　この部屋（会議室、時にはパーティもする）がベタニアのデイセンターだったところです。一番大きなときは、3部屋で110人ほど働いていて、20台の織機で女性が織物をしていました。地下室には、請け負いの作業室があり、カレンダーの包装、スプーン詰めなどをしていました。デイセンターは、解体後三つに分かれていろんな地域へ出ていきました。

　解体後、施設の使い方がすべて変わりました。アッシムビーチ近くにある入り江の会議室がデイセンターだったところです。現在のレストランは、職員の食堂だったところで、しょうがい者は一歩も入れませんでした。封建的

で座る位置も決まっていました。

　元施設だったところで、現在どんなふうに生活しているかをお話しします。

　施設が解体されるとき「ベタニアホーム協会」ができ、グループホームへの移行を進めていきました。ベタニア解体にあたり、敷地内に前から住んでいた人のために三つのグループホームをつくりました。そのほかの建物も改造して新しい一般の住宅をつくり、高齢者、子ども、若い人、健常者の家族、いろんな人が住む地域にしました。隣り同士、とても良い関係ができつつあります。ザリガニ祭など、近所のみんなで集まってお祭りをし、グループホームの人たちも一緒に楽しむことがあります。

　大事なことは、地域で暮らすことであり、居心地のよいグループホームに引っ越しをすることでした。そのためには、職員の教育に力を入れる必要があります。職員を教育することで、住み良いグループホームができるのです。

　グループホームは小規模（6人以下。それ以上のしょうがい者が一緒に住むべきではない）で、専用のアパート（1部屋というのではなく、個室でトイレ、台所が付いていること）にすることができました。これは大きな住宅の中に四つのアパートがあるという感じです。

　現在は、グループホームという言葉を使わなくなってきています。なぜなら、建物、アパートが重要なのではなく、住んでいる人が大事で、一人ひとりの生活が重要だからです。

　この協会が運営しているグループホームの中に、一つ水準の悪いホームがあります。1軒の大きな家に4人が住んでいて、個室だけれど、トイレ、風呂が共同になっています。近々水準にあった所に移る予定です。

　スウェーデンには法律でグループホームの指導があります。寝室、台所、居間、トイレ、風呂は個人用がないとダメです（住宅権利法）。個人が住む空間は一軒家と同じじゃないといけません。これに合わないアパートの借り手はいません。公共のグループホームもそれに基づいています。もちろんベタニアもそうです。

ベタニアホーム協会が運営するグループホームは現在12軒あります。近い将来、もう一つつくる予定です（1年以内に入居予定のグループホームの設計図を見せてもらう）。このグループホームの近くには、一般住宅が建っているのでとけ込むでしょう。
　5人以上のホーム居住は認めない、という規約がグルンデン協会にはあります。そして1人には41.3m^{2}が必要です。
　建物のオーナーは建築会社がなります。建築会社が、福祉的住宅をたくさんつくっています。大きな建築会社がつくるほうが安くなりますし、修理も簡単です。賃貸契約書は建築会社と本人の間で作り、契約を交わします。毎月の家賃は建築会社に払います。家賃を払うこと、隣り同士うまくいくことができれば、いつまでも住むことができます。勝手に転居を進めることはできませんが、1人が引っ越ししても一般の人が入れる住居になっています。普通の人が住む家と、グループホームに差があってはならないのです。
　居間はとても重要です。家族や友だちが来たときに、座って話ができたり、泊まることもできます。また、慣れない人のためには共同スペースも必要だということで、広いリビング、ダイニング等もあります。
　介護者の部屋は、建築会社から協会が借りて契約をします。介護者用の部屋には、事務室、コンピューター、ダイニングキッチン、大きな居間があります。介護者の部屋はトイレが広く、洗濯もできます。希望すれば個人の部屋でも洗濯機が置けるようになっています。

入所施設からグループホームへ移行する意義
　人間は誰でも「〜したい」「〜になりたい」という希望があります。それは特別なものであり、個性です。小さい頃には、いろいろ考えていたと思います。しかし、入所施設では、みんなと同じように考えなくてはなりません。個人の考えは消えていきます。
　入所施設は、生徒、「しょうがい者」、というレッテルを貼ってレッテルの

とおりにあつかう所でした。グループホームに入ると、初めて人間らしい生活ができるようになりました。

　グループホームでは、当事者が誰かに頼らずに、できるだけ自立をして生活していけることをめざしています。職員は、身体的、知的に重度の人にあまりにも手を出しすぎです。例えば、ベッドで着替えをしたら電気を消していくのは職員のやりすぎです。当事者は、もう少し横になって何かやりたいかもしれません。少し触ると電気が消えるようなものを作って置いておく、そういう支援をしたいと考えています。

　これまで自分のことを決めてこれなかった人が、どうやって自分で生活する方法がわかるか。今まで考えていなかったのに、急にはできないでしょう。一人の人間とはどういうことかわかりません。入所施設でも、自分らしく生きたいという思いはあったはずです。地域での基盤ができ、そこから思っている現実を導いていきます。願いや夢が基盤にあります。

　職員の役割は、夢、希望を実現に向けることです。職員の立つ位置が重要で、背後に立ったり、本人のすぐ横にいて、必要ならいつでも支援できるようにします。当事者は、入所施設のように人に合わせることはないのです。

　地域での生活は、毎日が新しい日の始まりです。計画や出会いにわくわくするでしょう。規則、ルールはいりません。例えば当事者が「今日はパンケーキが食べたい」と言うと、職員の仕事はパンケーキの材料を買いに行くことになります。「土曜日はゆっくり11:00まで寝ていよう」と当事者が言うのなら、起床時間を設けるべきではないし、「なまけもの！」と起こさないことです。11:00になったら朝食をつくります。ヘルパーが買い物に行くのではなく、当事者が「買い物に行こう」と誘うのです。職員がどう支援するかが問題です。本人の買い物に行ったけれど、まだ「職員について行った」と言う人が多いのですが、そんな時は「職員に手助けが必要なの？」と言っています。

　夢や希望は変わっていきます。人は成長します。だから支援が終わるのは

お棺に入るときです。

　しょうがいの程度に関係するのではなく、人間らしい生活をすることが大切です。その支援をするのが職員なのです。

職員を変えるということ——嫌われたアンデシュ

　私はベタニアの解体に関わってきました。1990年にベタニアの解体を本格的にスタートしてから11年。最近、最後の人がグループホームに出ていきました。この11年、とてもすばらしい出来事がたくさんありました。特に良かったのは、社会に出られないと思われていた人が地域に出て暮らし始めたということです。

　当事者が外に出て暮らし始めるのに問題はありませんでした。一番問題だったのは職員です。解体のとき、知的しょうがい者が地域に出ることに賛成しませんでした。みんな怒り、私は嫌われました。

　自分一人でやれることが増えるのは喜びになります。これが自信になるということがわからない職員がいて、自分がやるほうが早いのでやってしまう人がいます。「自分でやることは喜び」。このような意識をもっていない職員を変えていくことが必要でした。

　今でも古い考え方の職員がいますが、その職員は考えを変える気がないのかもしれません。新しい考えになった人もいて、「今のほうが楽しくなった」と言う職員がいます。その職員は当事者と尊厳をもって関われるようになってきました。今では良かったと言い合え、「昔はなぜあんなことをしたのだろう」と笑えるようになりました。

　職員教育・意識改革へのプロセスは次のように進めていきました。

　第一歩：職員を集めての説明会。
　　　　　・なぜ入所施設解体が必要か。
　　　　　・入所施設はあってはならないこと。

・後戻りはできない、いやだったらやめること。
・どのように解体していくか。
・一つのモデルをつくること。

　最初に入所施設を理解するために職員で集まって話し合いから始めました。「なぜ冷蔵庫にカギがかかっているのか」「職員が入所者に意地悪したのでは」「入所施設がそこで暮らす入所者と職員にどういう影響を与えているか」「職員は人間としてやりたくないことをしているのではないか」等、誰が悪いというのではなく出発点を確認し合いました。

　その次に時間を使ったことは、「人間とは何であるか」ということです。入所施設にいると、一人ひとりにラベルを貼って、一人ひとりの背後にある「人間」を忘れてしまいます。「人間」を説明して理解するために、身体的な話、器官の面から話をするのではなく、心理的、社会的な面から話をしていきました。

　気づいたことは、知的しょうがい者だとラベルを貼られていた人も職員も同じく、心臓は左にあるということです。知的しょうがいのある人も職員も同じ人間なのです。

　話をしていると、ラベルではなくユニークな個性をもった、この人たちの夢が見えてきました。当事者の夢や希望がわかってきました。好きなように生きる権利を意識するようになりました。人間が人間らしい生活をする権利を大切にしたいと考えるようになりました。

第2節　当事者だけの理事会へ向けて——人間として出会う

　2002年11月には、グルンデン協会で働いているトミーさんとアンデシュさんが大阪にやってきました。彼らとの交流を深めることで、パンジーが本当に当事者主体になるためにはどうすればいいのかが少しずつ見えてきまし

た。

　私たちは、スウェーデンのハンスさんやアンナさん、トミーさん、そしてアンデシュさんから学んだことを多くの人に伝え、共に考えていきたいと思いました。

　（トミーさんたちが滞在している間、朝田千惠さんが通訳をしてくださいました。自由に、ときには突っ込んでアンデシュさんやトミーさんに質問したり、意見交換をしたり、楽しい時間を過ごすことができたのは、朝田さんの存在がとても大きかったと思います。小集会の通訳を助けてくださった、橋本義郎さん、朝田さんを紹介してくださった大熊由紀子さんにもお礼を申し上げます。）

> トミー＆アンデシュ滞在日程

2002年11月4日　大阪へ・静岡ピープル・ファーストと合流してホテルへ
　　　　11月5日　「ザ☆ハート」・グループホーム「春宮」
　　　　　　　　　クリエイティブハウス「パンジー」・ショップ「パンジー」を見学
　　　　　　　　　夜は「ザ☆ハート」主催の歓迎パーティ
　　　　11月6日　「ザ☆ハート」の当事者と京都観光
　　　　　　　　　夜は、「グルンデン協会から学ぶ小集会」
　　　　11月7日　クリエイティブハウス「パンジーⅡ」見学、当事者と交流会
　　　　　　　　　意見交換会・各リーダーとの交流・社会福祉法人創思苑理事会参加
　　　　11月8日　東京へ

写真14. パンジーⅡで

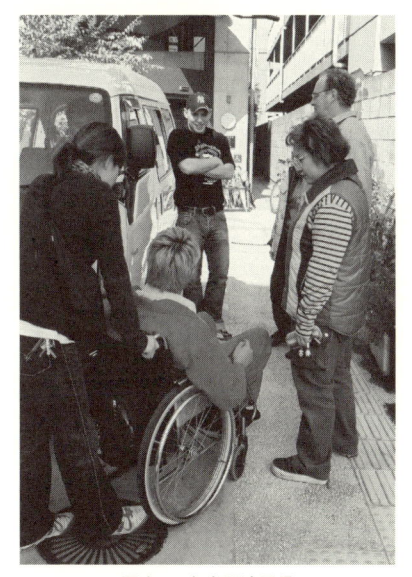

写真15. 弁当配達風景

1　人間として出会う——グルンデン協会から学ぶ小集会
（2002年11月6日 18:10～20:10、於：ベアーレ東大阪）

写真16. グルンデン協会から学ぶ小集会で

司　会：昨年、パンジーをはじめ各団体から有志で、入所施設解体の状況と、当事者が理事長を務め理事の過半数を占めるという、当事者主体の取り組みをしているグルンデン協会へスタディツアーに行ってきました。それから1年経って、支援者のアンデシュさんと当事者のトミーさんが来日してくださいました。

　グルンデン協会の支援者のアンデシュさんとトミーさんに講演をお願いします。通訳は橋本義郎さんと、朝田千恵さんです。よろしくお願いします。

アンデシュ：「こんにちは」。残念ながら私が知っている日本語はこのことばだけです。トミーのほうが、おそらくよく知っていると思います。これから自己紹介をします。トミーから始めてください。

トミー：僕の名前はトミー・アンデション。グルンデン協会で用務員として

働いています。また、グルンデンボイスというチームでサッカーをしています。
アンデシュ：私の名前はアンデシュ・ベリストロームです。グルンデン協会に雇われて、かなり長い間働いています。私とトミーとで、これからグルンデン協会の説明をします。

　2001年7月から、グルンデン協会に少し変化がありました。それについて話をします。それからグルンデン協会の周りで行われている当事者参画についての議論。もう一つは関係についてです。支援者とグルンデン協会の会員たちとの関係についての話と、グループホームに暮らす人と、そこで働く人たちとの関係について話をします。

その後のグルンデン協会。当事者だけの理事会へ
トミー：僕から始めます。グルンデン協会は、理事会・ボイス・余暇活動・エークラナという喫茶店・グルンデンメディア・事務局。それから新しく、さまざまなことを手伝う、グルンデンプロジェクトという部署ができました。
アンデシュ：まずビデオを撮ったとき（2001年に見学に行ったときのこと）からの変化についてですが、理事会が当事者だけになりました。グルンデンでは理事会の人たちだけですべてを決定します。

　今まで理事会には非当事者の人たちが2人いました。理事会の当事者たちは、あまりにも仕事が多く忙しすぎるので、非当事者が入ったほうが、仕事を肩代わりしてもらえると考えていました。しかし、その後、協会のルールが変わり、現在は（2002年3月より）当事者だけになりました。

　以前は私も理事会に入っていたのですが、今は事務局に移り、私がやっていた仕事を3人の当事者が引き継いでやるようになりました。経済的なことに責任をもつ人、スタッフの雇用に関して責任をもつ人、情報・政治的議題に関して責任をもつ人です。ここまでくるのに時間がかかりました。今は引き継ぎの時期で、来年の9月に私は職を失うでしょう。今まで私がやってき

たことをグルンデン協会の当事者が引き継ぐのは、当事者自身がグルンデン協会の重要な議論を行っているということです。

当事者と支援者の関係

　今お話ししたような変化に関して、グルンデン協会の重要な議論について考えていきたいと思います。それは、グルンデン協会のメンバーである当事者と、彼らに雇われている支援者との関係です。グルンデン協会の当事者たちは、「グルンデン協会が何をしていくかについて、グルンデン協会が雇っている非当事者たちが決めている」と言いだしました。どういう議題について話をしなければいけないか、展望やこれから進んでいく道を支援者に見つけさせられているような状況だったのです。

　世界中でしょうがいのある人たちの話は、いろんなところで利用されています。支援者たちが当事者の上に立っていて、そういう状況を利用してきました。平等ではありません。そのことに関して、グルンデン協会の当事者や、グループホームの人たちがどういう状況にいるかについて当事者に話してもらいます。ということで、トミー自身に話をしてもらいます。

トミー：よい支援者は、当事者自身が望んでいることを表現してくれる人です。映画に行く、レストランに行くことを共有してくれます。悪い支援者は、当事者が何に興味をもつべきかを支援者自身が決めてしまう人です。そういう人たちは悪い支援者です。私をしょうがい者としてとらえ、気持ちを考えてくれない人が悪い支援者です。頭の中でしょうがい者だと考えてしまい、心の中でのつきあいをしてくれない。悪い支援者は当事者の中に入ってきて、私たちを感情的に傷つけます。しょうがいのある人たちの自信をくじき、傷つけるのです。

　もし、よい支援者に出会ったら、もっともっと楽しくなります。彼らは心をもって話してくれ、心をもって話を聞いてくれるからです。よい支援者がそばにいてくれると、僕自身がもっと強い人間になれるような気がします。

ありがとう。

アンデシュ：トミーが言うことは、たくさんの人について言えることです。イェテボリ市にあるグループホームだけでも、トミーが今話したような例をたくさん聞きます。これは解決しなければならない大きな問題です。

　今、イェテボリ市には大きな入所施設はありません。市は、当事者の人たちが町のアパートやグループホームで住めるようにいろんな支援をしています。だからといって、入所施設がなくなったということではありません。イェテボリには現在、140～150のグループホームがあります。ということは、140～150の小さな入所施設があるとも言えるのです。そこでの生活は入所施設よりはましですが、まだまだ問題があります。職員とそこに住んでいる人たちの関係を見た場合、よい生活になったとは言えないのです。

　もちろん、彼らは入所施設より引っ越したことで以前よりよくなっていることを忘れてはいけません。入所施設からグループホームなどの町中の住居に引っ越しをすることは難しいことではありません。一番難しいことがまだ残っています。それは、そこで働いている人たちの考えを変えることです。出てきた人が自分らしい生活をできるように、支援者の考えを変えるのが難しいのです。

新しい専門性

　トミーが話してくれたように、私たち支援者が楽しいと感じることが大切です。専門家という人たちの専門性とは何なのでしょうか。今、新しい専門性が必要だと感じています。トミーやグルンデン協会の当事者が言うように、心で考え、感情について話をする。関係について。そして、親しみのあるふれあい。傷つけられたときの感情について話をすること。彼らとともにいて楽しいと感じること。頭をつかうのではなく、心をつかわなければなりません。

　私たちは大阪に招待されて、ピープル・ファースト運動をしている人たち

に出会いました。彼らの事務所の名前は「ザ☆ハート」です。「ザ☆ハート」の当事者たちはグルンデン協会の考え方を理解している人たちです。

　人間というのは、何年も何年もたくさんのことを経験してきています。例えばグループホームで働く人は、グループホームで働くための勉強をしてきた人です。発達しょうがい者とかしょうがいについて、ごちゃごちゃした名前を付けて、そのしょうがい名をどんどん覚えてきました。大きな入所施設に人々を集めることは古い伝統を守るためで、それは古い知識です。

　だから私たちは、グルンデン協会の当事者、「ザ☆ハート」の当事者、ピープル・ファースト運動をしている人たちの意見を聞きたいのです。それが新しい知識です。誰しも人というのは、楽しくありたいと思います。すべての人にとってあたりまえのことですよね。人と会ったときに「お会いできて楽しいわ」と言いますよね。スウェーデン語で「会ってよかった」というのは、「うれしい、楽しい」というのと同じ意味です。

　よい支援者の条件は、「あなたにお会いできてうれしい」と感じることです。例えばトミーと出会ったときに、私自身が楽しいと感じていること、それが条件です。人間として彼に会ったときにうれしいと感じることであり、発達しょうがい者に会ったという気持ちになるものではないということです。発達しょうがい者だと思わないで、人間同士として出会ったほうが、どう関わったらよいかがわかります。私自身が人間ですから。

　私はしょうがいもないし、しょうがい者でもありません。今までそういう状況になったことがないし、どんなものなのかがわかりません。本に載っている言葉は知っているけれど、言葉でどうのこうのと言ってもわからない。私も人間で、あなたも人間。会ってうれしいなと言ったほうがよくわかるのではないですか。うれしいという感覚の中で、関係づくりが生まれます。発達しょうがい者に会ったというより、「人」に会ったととらえること。それには「うれしいな」と感じたほうが、その「人」とつながれるし、広い意味があるのです。

しかし、多くの人が当事者とあまりにも密接な関係をもつことは非専門的であると考えています。「その人のために仕事をしている」という状況では、支援者は楽しめないし、そんなに親しくなれません。古典的には専門職は距離をおかなければならないと考えられています。それでは、一緒にごはんを食べて楽しいとは言えません。当事者と何を一緒にして何を一緒にしないかという境界をつくってしまいがちです。

　私たちはただの人間として考えると、距離をとるよりも一緒にいるほうが楽しい。グループホームなどに住んでいると、そうならざるを得ないし、むしろそのほうが自然です。距離を置いたりするほうが不自然だし、しんどいことです。一昨日のことですが、昼食をとっているときにトミーと私に聞いた人がいます。「グルンデンでは君たちはいつも一緒に昼食をとっているのかい？」と。「あたりまえじゃない」とトミーが答えました。「一緒に食べるほうが楽しいじゃないか」。

　当事者の人と一緒に食事をしない、仕事だから分けると考える人も確かにいます。一緒に食べる代わりに別の所に行ってしまう人たちもいます。しょうがいのある人と一緒に食事をすることが仕事であると考えている人たちもいます。その人にとっての食事はちっとも楽しいものではなくなります。誰もが心の中にもっているものを使って、近しい関係だとか、ふれ合うこと、結びつくことを通して、ようやく楽しい場ができるのです。つまらない仕事をする代わりに。

人間として出会う

　オーストラリアの会議に出席したことがあるのですが、カナダから専門家が来ていました。彼は「それまで何も知らなかったと気がついた」と話しました。しょうがいのある人の人生は傷つけられていて、近しいふれ合いと、人間関係が大切だということです。生まれたての赤ちゃんは抱きしめられてキスをされるけれど、入所施設に入っているとキスをもらえないのです。さ

らに入所施設に入っていると、施設を替わることができない。入所施設に住むことは、近しいつながりと縁遠くなってしまうということです。

　彼は「ぼくたちがしなければならない一番大事なことは、しょうがいのある人が近しい関係や、人との関係をもてるように手助けをすることだ」と言いました。一緒に楽しむこと、一緒に笑うこと、一緒によろこぶこと、抱き合ったり、スキンシップを図ること。お互い人間としての意味をもち合うことを考えだしたときに、初めてお互いが共に「人間であること」ができるのです。「職員」というのではなく、人間であることが、ここから始まるのです。

　この研究者は自分の講演の最後に、聞いている人たちに向かって言いました。「お互いにキスをしなさい、抱き合いなさい」と。みなさんも聴いているだけではなく、隣りの人といっぺんやってみてください。

　彼はもう生きていませんが、彼が生きている間は、しょうがいのある人のよりよい理解のために働いてきました。研究者ですが、人生の終わりのほうにかけて、今まで自分がしてきた研究に対して批判的になりました。彼自身が言うには、「知識が先行してしまって、自分の耳で聴いてこなかった」。彼はこういうことを書いています。「私たちは聴くことを学ばなければならない。あなたはしょうがいのある人を何かの公式の集まりに招いて、その人たちの話をいつ聴きましたか。ちょっと勇気をもちなさい。そして、その人たちを自分の家のディナーに招いてみなさい。一緒に食事を分かち合う、その関係の中に物事の核心が隠されています」。

　まったく同じことをグルンデン協会で働いていて感じます。一緒にいて共に何かをすること、そして一緒に楽しむことをしていくと、支援者とか、しょうがいのある人という言い方はしなくなり、人間として出会うようになります。

　　Q&Aの時間
質問者：アンデシュさんが3人の当事者に仕事を引き継いでいると聞いたの

写真17. 質問に答えるトミーさん、アンデシュさん

ですが、引き継いだ後、アンデシュさんは何をするのですか？
アンデシュ：わかりません。グルンデン協会の理事会の人たちは私に何らかの仕事をさせたいと思っています。でも、今やっているような仕事ではなくなるでしょう。
質問者：雇っている側の人たちに従うということですか。
アンデシュ：おっしゃるとおりです。理事会の人たちから支援をしてほしいと要請があった場合に、私はその仕事をします。
質問者：トミーさんに質問したいのですが、コミュニケーションを取るのが難しい人たちとトミーさんはどんなふうに接しているのですか？　もしくはいろんな人たちと出会ったときに、どうしているのですか？
トミー：同じ当事者ですから、別に問題はないです。
アンデシュ：ここにいるトミーは、コミュニケーションをとる達人です。困難なしょうがいのある人でも話をすることができます。一番話がしにくいのが、大学の先生（笑）。

第3章　グルンデン協会からパンジーへ

質問者：アンデシュさんの話で専門性という話がありました。私は知識や専門性を全くもたずに、しょうがい者とつきあう仕事に就いてしまいました。これからいろいろ本を読まないといけないなと思っていたのですが、読まなくてもいいんでしょうか？

アンデシュ：やめときなさい！

質問者：ありがとうございました。

トミー：ぼくたちは今日、京都に行きレストランに入りました。アンデシュは「写真を撮ろう」と言ってぼくのポケットからカメラを取り出して、写真を撮って、そのカメラをレストランに置き忘れてしまったんです。途中で思い出したんだけど、彼はそんなことをしたんですよ！（笑）一緒にいた日本人が送ってもらえるように手配してくれましたが。

質問者：トミーとアンデシュに聞きたいのですが、これからやってみたいことを教えてください。

アンデシュ：一つの例ですが、イェテボリにあるグループホームに住んでいる女性で、モニカという人がいます。彼女はトミーに「ここで猫を飼えないかしら？」と言いました。ここで支援者の話が出てくるのですが、そこの職員に1人ひどい職員がいるので、おそらくそのグループホームでは猫を飼うかどうかの闘いが起こるでしょう。私は当事者が自分からリーダーシップを発揮して、夢を叶えていけるように支援したいと思っています。例えば私のような支援者がそこの職員になるとかで夢を叶えたい。

　私の将来的な夢は、グルンデン協会の当事者が自分たちで彼らの仲間を育てていけるよう支援していくことです。当事者の自主トレです。先ほどの猫を飼いたい女性は、あまりよくない支援者のために猫を飼えないかもしれません。でもその女性自身をトレーニングして、彼女自身がその状況を変えていけるようにしていきたいのです。

質問者：日本のピープル・ファーストの人たちが集まって厚生労働省の人たちと話をしました。これ以上入所施設をつくらないでほしいと言ったのです

が、ほとんど受け入れてもらえなくて、これから定期的に話し合いをもとうということになりました。みんなが入所施設ではなく、地域で暮らせるようにグループホームがもっと増えてほしいと思うのですが、先ほどアンデシュさんは「入所施設を解体してグループホームをつくったけれど、結局グループホームの数だけ小さな入所施設があると言える」とも言われていました。

　グルンデン協会として、よりよいグループホームを増やしていくために、よくない支援者がいるグループホームに「ここを変えていったらいい」と言っていくような取り組みをしているのですか？　していれば教えてください。

アンデシュ：グルンデン協会の理事長でハンスという人がいますが、以前日本にも来たことがあります。ハンスはグルンデン協会の広報活動をしています。彼はグルンデン協会の考え方や、住まいに対しての考え方について、手紙を書きます。

　年に2回、理事会の何人かとハンスは、市の政治家と会う機会があります。しょうがい者問題に責任をもっている市議会の議員です。イェテボリには、さまざまな教育に関する委員会やしょうがい者に関する委員会があって、グルンデン協会のやっている取り組みに興味をもって積極的に取り入れている人がいます。1カ月前のことですが、グルンデン協会の理事会から一つの記事を出しました。それはイェテボリの一番大きな新聞に載っています。

　例えばグループホームで猫を飼うことについて、グルンデン協会はイェテボリ市の最大の新聞に意見を載せるのです。

質問者：「ザ☆ハート」の当事者の母親です。入所施設解体までは、まだまだ日本は難しい。施設解体以前に入所施設は必要だという親がいるわけです。入所施設はいらないと思っている私たちは、何をしなければならないのでしょうか。スウェーデンに比べ、うんと遅い状態ではあると思います。グルンデン協会を立ち上げられるまで、当事者の親たちはどんな動きをしていたのでしょうか？　親としてできることは何なのだろうかということを聴きたいし、教えていただきたいと思います。

アンデシュ：最初の頃、スウェーデンでも親の会の反対はありました。FUBという親の会があるのですが、入所施設解体に対して非常に反対していた親たちはFUBを脱退してしまいました。

最初の頃は、大型施設の建設は県が行っていたのですが、入所施設には重要ポストがあって、その重要な役職の人たちは「入所施設は解体できない」と言っていました。なぜなら親が反対しているからと言うのです。この入所施設の人たちは親の不安だとかそういうものを利用しようとしていたのです。解体しないために悪用していました。ところがスウェーデンには入所施設はつくらないという法律ができました。法律ができたことで入所施設の施設長のところにも解体しなさいという外からの強制が入ってきました。

入所施設を閉鎖するなかでは、親への支援も大切なことです。どんな親も、本当は子どもを入所施設に住ませたくないと思ってます。でも恐れがあったわけですよね。県が、入所施設以外の選択肢をつくってこなかったために、親たちの思いの逆の方向に向かっていました。でも県が入所施設以外の選択肢を準備することで親の反対も消えました。現在、親の中で入所施設を望むという人は誰もいません。

質問者：トミーさんの趣味や、家族のことを教えてください。

トミー：僕には家族があり、10カ月の息子がいます。この写真は、ベッドの柵につかまって立っているところです。僕にとって一番楽しいこと。昨日家に電話をしたら、同棲してる彼女が「テーブルの端を持って歩き始めたわよ」と言っていました。その様子をほんとうに見たいのだけど、見られないので、代わりにここで話をしておきます。

趣味は、サッカーをしています。グルンデンボイスというチームです。

僕自身はしょうがいがあるけれど、グルンデン協会に雇われて給料をもらっています。アンデシュが雇用されて給料をもらうのと同じように、僕自身も雇用されて給料をもらっています。

すべての人間には同等の価値があります。僕自身は心で人の話を聴きます。

僕は来年車の免許をとろうと思っています。それが僕の目標です。

2　君がハンスだよ！
――トミー＆アンデシュ with 自立生活支援ネットワークリーダー

（2002年11月7日、於：パンジーⅡ）

トミー・アンデション（グルンデン協会）
アンデシュ・ベリストローム（グルンデン協会・支援者）
生田進・梅原義教・肌勢俊一（かえる会）
林淑美・見舘史郎・吉田和美・滝川峰子・吉竹敦生・畑中満智・梅本浩一（支援者）
朝田千惠（通訳）

パンジーの感想について

トミー：「ザ☆ハート」に行ったとき、とても楽しかった。近いつき合いになり、一緒にいろんなことを話したし、名刺を作って、笑って楽しんで。「ザ☆ハート」は小さくて、とてもいごこちがいい。パンジーではミーティングがあり、パーティは楽しかった。帽子をビンゴであててとても楽しかった。その後に行った所もいごこちのよいアパート（グループホーム春宮）で、京都も楽しかった。帰ってきたときに、カメラを忘れたんですが……（笑）。ここはとても楽しい。

写真18. いつも陽気なトミー

　驚いたのは、昨日の小集会に当事者がいなかったこと。理事会にも参加できるのはうれしい。理事会に招待してもらったのは、楽しい。

林：これはまだ理事会ではなくて、ミーティングなんです。

トミー：！

アンデシュ：きっと彼は理事会と、このミーティングの違いを感じるだろうね。

トミー：じゃあ君の番だ。
アンデシュ：パンジーとパンジーⅡ、「ザ☆ハート」で働いているスタッフはとても親切で優しいと感じました。しょうがいのある人に対して尊敬の念をもっていると感じます。スウェーデンに帰ったらみんなにそのことを話します。楽しかったパーティのことも話し、同じようなパーティをスウェーデンでもしたい。

　批判というところまでは、僕たちはいきません。ただ残念なのは、昨日の小集会に当事者がいなかったことです。それから、パンジーⅡの１階は大き過ぎる。いろんなタイプのしょうがいの人がいて、例えば車いすの人は何もすることがない。その人たちにとっては退屈な時間になってしまっているのではないでしょうか。必要な人に必要な人がついて、もっとばらけさせてもいいのではないですか。

　非常にアクティブで、支援者の目を引く、気を引くことができる当事者の傍らで、そういうことができない当事者もいる。スタッフの数も少ない。でも、ここの事情を僕たちは、わからないから……。
林：梅原さん、ＴさんやＭさんはすることがないのではないか、小さいグループにしたほうがいいのではないか、というアンデシュの意見なんだけど、どう思う？
梅原：難しいな。パンジーだったら、車いすの人がいっぱいいるけど、仕事がないんちゃうかな。
林：梅原さんは車いすに乗っていて、みんなは仕事をしているけど、仕事がないときの気持ちはどう？
梅原：仕事はあることはあるけど、何をしているのかわからんようになることが時々ある。
生田：車いすの人は、車いすで分けて仕事をしているテレビを見たんや。どんなしょうがいがあっても、その人には何かできることがあるほうがええな。
アンデシュ：全くそのとおりだね。

トミー：テレビからいろいろ学べるよね。
生田：車いすの人が、口に物をくわえて何かをしていた。
トミー：彼（梅原さん）は、頭に棒のついた帽子をかぶってパソコンを打っていた。
アンデシュ：ずっと「頭でなく心をつかえ」って話してきたけど、彼は「頭」を使うんだね（笑）。

　グルンデンでは、一緒に働く人との会話の時間、「力をつけていくための会話の時間」があります。グルンデン協会の当事者とその人の支援者で、当事者の夢、何をしたいかについて話をします。何をしたいのかが最初にあって、どうしたらかなえられるかについて話をしていく。年に2回、2時間でも1日でも必要なだけ話し合います。

林：話を聴くのはどういう人たち？　たとえばパンジーだとデイセンターの職員、自立生活支援センターの職員がいるんだけど、それとも外の人？　一緒に働いている人たちになるのですか？

アンデシュ：例えば、アンナはエークラナの喫茶店で働いていて、支援者は本人が活動をしている所（アンナであればエークラナ）に属している人です。パンジーⅡのハンガー作りの部門で働いている職員に、そこの当事者が話をする。グルンデンメディアで働いている人はグルンデンメディアの支援者が彼らの夢や希望を聴きます。

　グルンデンでもよく話をするのは、重いしょうがいのある人も、他の人と同じようにキャリアを積む権利があるということです。スウェーデンでも他の国でもよく見る光景は、しょうがいのある人はデイセンターなど日中活動の場に行き、ケーキを焼いたりパンを焼いたり作ったり、何年も何年も同じことを続けています。一方、僕の状況を見てみれば、仕事を何年か休んだり、勉強したり、いろんなことができる可能性があります。でも、デイサービスに通っている人たちは、来る日も来る日も同じことをしているんです。

　エークラナで働いていたある当事者は、支援者との会話の時間に「仕事を

替わりたい」と言いました。その人は、今メディアの中でビデオを撮っています。グルンデンのキッチンで働いていた人は、会話の時間の中で「他のことをもっと知りたい」と言って演劇活動をするようになりました。今、彼女はグルンデンの外で働いています。

滝川：パンジーではケア会議をして、当事者一人ひとりとこれからしたいことなどを話しました。パンジーでは、支援者と当事者の2人だけで話すのではなく、親や友だちなど自分の入ってほしい人にも入ってもらいました。親を呼びたくない人は呼ばなかったり、来なくていいと言っていたのに来た親もいたけど。

梅原：勝手に来た！（笑）

アンデシュ：家族や友だちも来ていいというのは同じです。支援者と当事者の2人だけで座っているのはしんどいことだから。アンナだったらハンスを入れたり、同棲している彼を入れたり、お母さんを入れてほしいという希望があったら入れます。

トミー：質問があるのですが。日本ではしょうがいのある人は結婚しますか？　しょうがいのある人同士で結婚するの？　しょうがいのない人と結婚するの？

生田：パンジーでは結婚している人はいないけど、四国にはおる。

トミー：法律的に結婚できるの？

梅原：できるけど、結婚したくない。

トミー：僕も結婚したくないよ。同棲中だけど。

林：だけど赤ちゃんがいてる。

生田：おかしな話やな。（笑）

アンデシュ：スウェーデンでは結婚にはキリスト教的な契約とか、法律的な契約が出てきます。

トミー：梅原さん、結婚したくないのは僕と一緒だね。

パンジーの3年後〜5年後

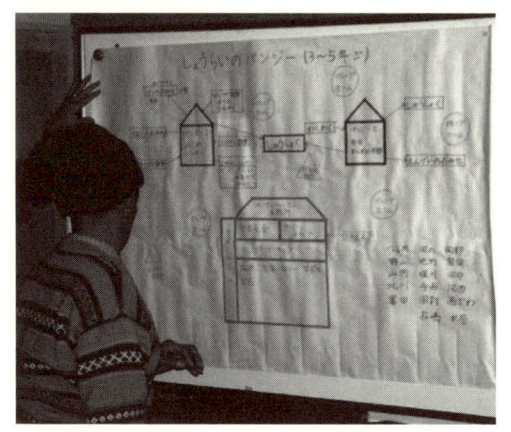

写真19. 将来のパンジーを語る

林：グルンデン協会に見学に行き、帰ってきて、「かえる会」でパンジーの3〜5年後を考えました。そしてピープル・ファースト事務所をつくろうと、パンジーとパンジーⅡから分かれて「ザ☆ハート」をつくりました。

朝田：「かえる会」というのは何ですか？

梅原：「かえる会」は、これからのパンジーを当事者中心にどうやって変えるかを考える会です。当事者は生田さんと僕と中山さんの3人やった。頭をいっぱいつかって考えて「ザ☆ハート」をつくった。

林：「かえる会」でパンジーとパンジーⅡはこれから小さくしていこうと話したんだよね？

生田：東京や北海道には、ピープルファースト事務所がある。大阪でもつくろうと「はっしんきち　ザ☆ハート」をつくった。人間の体の名前をつけたわけやねん。（写真19参照）パンジーとパンジーⅡは真ん中。パンジーは大阪にパン屋をつくる計画や。

林：生田さんと梅原くんは、「ザ☆ハート」にいてる。グルンデン協会をこの図に当てはめたら、理事長のハンスはどこにいることになるの？

朝田：パンジーは、グルンデンの何にあたるの？

林：法人の事務所があるから、やっぱりグルンデン協会になるのかな？

アンデシュ：ああ……。ハンスがおそらく座るべき場所は「ザ☆ハート」。グルンデン協会とパンジーの違いは何かというと、パンジーは、まずパンジーがあり、パンジーⅡをつくり「ザ☆ハート」をつくった。スウェーデンでは逆で、「ザ☆ハート」にあたるグルンデン協会ができて、その当事者がエークラナ、メディア、ボイスをつくっていった構図になる。その違いがあるね。

　現在のパンジーの姿は、パンジーとパンジーⅡがあって、「ザ☆ハート」が独立した姿になっているけれど、「ザ☆ハート」が上にきて、そこがパンジー、パンジーⅡのことを決定するほうがいいのでは。私たちが理解している限りでは、そこがいろんなことを決めていくのが望みなのではないですか？　あるいは、パンジー、パンジーⅡの理事会を当事者のみにしたら同じことではあるけれども。

生田：グルンデンの理事会に出たとき、当事者だけでやってたな。でも日本では難しい。

トミー：でも、試してみることはできるでしょ。

生田：あ〜。

林：生田さんも梅原さんも肌勢さんもスウェーデンに行ったときは、ぼちぼちやけど理事長になりたいと言っていたよね。

生田・梅原：言ってたなあ（笑）

トミー：生田さんは、まるでハンスみたいじゃないか。

生田：（照れる）

アンデシュ：理事会は1年に1回大きな総会があって、たった10分ほどで理事会を当事者だけにすることが決まったが、そこまで来るのに何年もかかったんだ。「もっと時間をかけたほうがいい」と言う人たちがいたけれど、今言えるのは、同じことは10年前にできていたのではないかということです。

それができなかったのは、おそらく、当事者は自分たちで何とかしたいと思っていても、その責任を他の人たちが取ってしまっていたからです。グルンデンがここまでくるのに時間がかかった理由の一つは、グルンデンの設立準備、調整をしたりといった責任が、グルンデン以外の人に任されてしまっていたからです。僕たちは、パンジーの人たちに「時間をかけなさい」とは言えません。

トミー：生田さん、君がハンスになればいい。
生田：僕がハンスになったら、自分のかわりは誰がなるんや？　弟子がいるわ。自分がしてもいいけど、死んだらどうなるんや。
トミー：ススムは君自身だ。弟子なら、パンジーでパンを作っていて、パーティでマイクを持っていた人がいるじゃないか。
生田：さて、どうするか、考えないといけない。彼はよう休むからな～。（笑）
アンデシュ：いつもその人の代わりになる人を探しておくことは大切だよ。
トミー：生田さんが一番に、その人になったらいい。
生田：年とってるからなあ。もっと若かったらハンスになれんねんけどな。
トミー：まだまだ若い！
生田：トミーはおもろいわ。

写真20. 人間同士の語り合い

厚生労働省との交渉のこと

滝川：生田さん、スウェーデンは入所施設がなくなったけど、厚生労働省の人はなんと言っていました？

生田：スウェーデンに行って中身を見てきた。スウェーデンにも昔は入所施設はあった。でも今はない。それはわかっていると言った。

梅原：全国から厚生労働省に話をしに行った。スウェーデンは入所施設はなくなったけど……。

生田：日本は6000人の人が入所施設に入りたいから、入所施設をつくろうとしている。

滝川：ピープル・ファーストで入所施設はつくらないでほしいと言ったが、厚生労働省の人たちは「全国で6000人の人が入所施設に入りたいと待っているから、つくらないと約束はできない」と言ったんです。

アンデシュ：その6000人の人たちは、本当に入所施設に入るのを待っている人なの？　ただ住むところを探している人なの？

梅原：ちゃう、ちゃう。たぶん親と入所施設の職員と市役所のおっちゃんが待っている。

アンデシュ：昨晩の小集会で厚生労働省の話を聞いて、トミーと「厚生労働省に行って、あんたらほんとに入所施設に住みたいと思ってんのかい？　と聞きたいね」って話してたんだ。本当に入所施設に入るのを待っている人は誰なの？　ただ住むところを探している人なの？

滝川：6000人の当事者の人が待っていると言ったが、実際は本人に聞いたわけではなくて、親がそう言っているというのが6000人でしょう。

アンデシュ：ほんとにくだらない話だね。

滝川：厚労省の人に、生田さんが「スウェーデンでは、入所施設がなくなってグループホームがたくさんできた」と話をしました。そうしたら「もちろん知っています」と。「だけど、グループホームになったけど、しょうがいの重い人たちがうまくいってなかったりと、いろんな問題をたくさん抱えて

いるので、日本ではまねをしない」と言っていました。
アンデシュ：その厚生労働省の人は、イェテボリに来て、見ておくべきところがあったよ。一番最後に入所施設から出た人たちは 4 人の女性だったのですが、身体的にもしょうがいのある重複しょうがいの人でした。その人たちが、入所施設を出て町で暮らすようになりました。二つの部屋があり、キッチンのある自分たちのアパートで暮らし、アシスタントをつけて買い物に行き、プールやデイサービスに行ったりしています。全く他の人たちの生活と同じ生活をしている。それを見ておくべきでした。
滝川：厚労省の人の話を聞いて、生田さんたちは怒りました。「自分は、スウェーデンに行って見てきたから言っているのに、あんたは見てない。自分たちは入所施設をなくしたい」と。私たちも重度の人たちがグループホームで生活できると思っています。
アンデシュ：みんなそうです。しょうがいのあるなしにかかわらず。厚生労働省の人以外の人はそう信じているはず。彼は 6000 人が入所施設を待っていると言っていたが、6001 人と言うべきだろうね！
生田：11 月 1 日に大阪市との交渉に行き、入所施設をやめるべきだと言ってきた。
アンデシュ：1996 年にイェテボリでも 500 人くらいが住んでいる施設があり、そこからみんな出て行って、96 年には入所施設はなくなりました。
生田：アンデシュとトミー、今日はありがとうございました。
トミー：君がハンスだよ！（生田さんを指さし、「君なら理事長になれるよ」。）

3　支援者の役割について——当事者主体と支援者の抵抗

アンデシュ、トミー
林、滝川、吉竹、吉田
朝田：通訳

林：トミーとアンデシュの話を聞いて、支援者の新しい知識は「当事者の話を聴くこと」だとわかりました。また、スウェーデンではグループホームは入所施設より良くなっているが、なかなか自分らしい生活は営まれていず、新しいミニ施設のようになっているところまで話を聞きました。

　パンジーは、当事者が自信をもつことと、当事者の希望をかなえられる職員を育てるという二つのことを目標にしてきました。それは進んできていますが、悩みが絶えません。当事者は自信をもち、いろんなことが言えるようになってきていますが、職員の中には当事者の話を聴くことに抵抗を感じる人もいます。それは専門的知識、労働条件が悪くなる、しょうがい者を下に見るという三つの理由があると考えています。

アンデシュ：グルンデン協会でも同じ状況が生まれ、長く続いてきました。グルンデン協会の職員は、自分たちで決定できるるように当事者を励ましてきました。例えば、雇われている人を解雇できるよう、自分たちで言えるように。実際にそれができるようになって、当事者は変わってきました。

　しかし、当事者が自分たちで決められなかったときに励ましてきた支援者が、実際に当事者が自分たちで決めだすと逆にネガティブな反応を示すようになってきました。当事者が決定したことは、支援者の仕事が増えることだからです。こういう状況では「君たちが決めると、僕たちは仕事が増える」と支援者は言います。支援者は、どこまで当事者が決定できるのか境界線を決めてしまうのです。

　エークラナの喫茶店は、最初はグルンデン協会の中にありました。支援者は、あなたたちが喫茶店をどう運営したらいいかを考えて、と言いました。

他にグルンデン協会で雇われている当事者たちにもそう言ってきました。

　ある日、喫茶店で働いている人たちの間に、衝突が起こり、言い争いが起きました。彼らは店を閉めて、他の部屋で言い争いについて話し合おうとしました。しかし、支援者は喫茶店が閉まっているので、お茶を飲んだりすることができません。全員ではないけれど、たくさんの支援者はそのことに腹を立てました。支援者は喫茶店を閉めるのは間違いだと思っていました。

　私は喫茶店を閉めて話し合いをするのはいいことだと思いました。喫茶店を閉めると決めたこと、それによって生じる問題を知ることで、彼らは一歩成長しました。

　私は、そういう状況になったとき、喫茶店を閉めずに解決する方法を知っていました。例えば何人かの人が別の部屋に移り、何人かの人が喫茶店で働くようにする。以前にそういうことをした経験があるから、知っていたのです。しかし、エークラナで働いていた当事者たちは、そういう経験が今までにありません。だから、彼らが決定することは非常によいと考えました。私たちは、いつも当事者が下した決断を尊重しなければなりません。その後に、彼らと事件について話し合うことができます。次回起こったときに、どういうふうにしたらいいかを話し合うことができます。そうしたら次に何かあったときには、話し合ったようになるでしょう。

　これは新しい例ですが、私の仕事を引き継いでいる3人のうちの2人はボス職についたことがありませんでした。今、彼らは非常に重要なことを決定するボスとして働きだしました。彼らはどうすればいいのかについて、最初のうちは何も知りませんでした。しかし、今は決めなければならないときに、働いている人を呼んで「こういうことがあるが」と話をしたり、「こういうことをしてくれ」と話をしたりします。雇われている人の何人かがカチンと来たりしています。雇われている人たちは、ひどい雇い主だと考えます。

　グルンデン協会の当事者たちは、他の人に助けを求めるとき、よいボスならどう振る舞うべきかを学ばなければならないでしょう。

私自身、グルンデン協会の当事者がすごくいいことをしているとか、間違っていると言うことはできません。重要なことを決定する責任を負っている当事者が、グルンデン協会に雇われている人を呼んで、こうしなさいと言ったとき、雇われている人は「間違っている」と言うことはできます。でも、それに腹を立ててはいけません。
　支援者が当事者の決定したことに対して、間違っていると口出しすることがありますが、それは間違いです。なぜ支援者が「間違っている」と言うかというと、支援者自身が、彼らに対して責任を負っていると考えているからです。本当はそうではなく、支援者がしなければならないことは、「当事者が自分自身に対して決定すること」を支援することです。私たちの仕事は、当事者が自分自身の人生をコントロールできるようになるための支援をすることです。
　例えばKという支援者とDという当事者がいるとします。Kは大学に行き、いろんなことを知っていて、いろんなことができます。しかし、Kの教育、知識は、DとKがつき合う上で何の助けにもなりません。
　そこに例えばこのトミーが来るとします。彼はそんな教育も受けてないし、知識もありません。知的しょうがい者に対する本も読んだことがありません。でも、彼はDやグルンデン協会の他の当事者と非常に近しいつき合いをすることができます。それでもKという支援者は"自分が正しい"と言います。トミーが他の当事者とよいコンタクトをもっていたとしても、支援者というのはそんなものです。
　Kはトミーやグルンデン協会の他の当事者はもっと学ばなければならないと考えています。Kは、当事者から彼自身が学べることをわかっていないのです。
　グルンデン協会で雇われている支援者も、同じような傾向があります。きちんとした教育を受けていない職員は、何もできない人たちと考えられています。彼らはきちんとした教育を受けていないけれど当事者とうまくつき合

っています。ということは、その人たちに何があるのかを学ばなければなりません。彼らがどうやってうまく機能しているかを、見なくてはいけないでしょう。心で聴く、心で考える、自然のままに捉えることが大事です。ついてきている？（笑）

　複雑な内容を簡単に言い表すのは非常に大変な仕事です。例えばスウェーデンにはこんな本があるんです。『知的しょうがい者に出会ったとき、どうふるまえばよいか』。

林：日本にもありますよ。

アンデシュ：世界中にきっとあるでしょう。僕たちは、専門性のないスタッフがどんなふうにうまく働けているかを、観察しています。

林：観察はトミーがするの？　アンデシュがするの？　アンデシュが言うと反発は返ってこないのですか？　トミーが言ったときは、職員はどう感じるのでしょう？

アンデシュ：職員たちはわかっているのです。彼らも言うのです。「ぼくたちは当事者の意見を聴かなくてはいけない」と。でも、当事者の話し合う場にKは来ない。今もそういう状況が続いています。実際、私は彼に言います。「もっと心で聴かないとダメだよ」。しかし彼は聴かないし、私に反発します。

　だからグルンデン協会の当事者は、自分たちで会議を開こうと決めました。そして何度言っても話を聴かない支援者は会議に入れないと決めました。

　話を聴かない支援者はどうしてもなくなりません。だからグルンデンの当事者は会議に支援者を入れないと決めたのです。Kも私も入れない。実際に彼らが日本に来る直前に開いたミーティングの参加者は、理事会の４名の当事者と、グルンデンメディアの当事者だけでした。

　日本に来てから、Dから電話がありました。グルンデンのミーティングに参加した当事者たちはとても満足していると言っていました。一昨日、またハンスが電話してきました。彼は、ミーティングで話し合われた内容をグルンデンメディアの支援者が聴いて、ものすごく腹を立てたと言っていました。

毎回毎回、Dとハンスがわざわざ日本に電話をしてきてくれるのですが、その内容にはわくわくします。

林：ミーティングにアンデシュが入らないで当事者だけで決める方向を選んだ理由がよくわかりました。

滝川：当事者が決めることは、支援者が全然タッチしないことだと感じる人も多いようです。でも本当は支援者が決めると、することがたくさん増えるんですよね。また、当事者が決めたことは、支援者がタッチしないから自分たちの責任でやったらいいやんという考えもあります。みんなが決めたら仕事が楽になるはずなのに、こんなに仕事が増えてと、イライラすることもあるし、あからさまにそういう人もいます。自分自身もそうだと思う気持ちもあるなあと思いました。

アンデシュ：当事者に考えてもらうことができれば、私たち支援者が難しい問題に頭を悩ませずに済み、もっと楽しくて、仕事も減って楽しくなるはずです。また、上の人が下の人を押さえつけるような状況をつくると、言い争いなど、逆に問題が生じてきます。よくわからないけれど、頭で考えるより、心で考えるようにしてはどうでしょう。

4　当事者だけの理事会——会計と人事について

於：創思苑理事会（2002年11月7日）

社会福祉法人創思苑理事長　枝本信一郎
理事：楠敏雄、堀智晴、林光祥、楠淑美
評議員：生田進、古田朋也、池田隆、豆子寿士、梅原義教
監事：岩永清滋
（以上、2002年当時の役員）
スウェーデンから：アンデシュ、トミー

アンデシュ：まだお会いしたことがない方に、自己紹介をします。イェテボ

リ市から来たアンデシュと申します。私はグルンデン協会に雇われていて、活動部門のトップとして働いています。私はグルンデン協会の理事会が決めた仕事をしています。グルンデン協会の理事会は11人によって構成されていて、全員が知的しょうがい者です。

　以前は9人の知的しょうがい者と2人の非当事者が理事会メンバーでした。なぜ非当事者が入っていたかというと、知的しょうがいのない人たちが次のように考えていたからです。「知的しょうがい者は自分たちで責任を負えない」。それは2年前のことだったのですが、2年がたち、グルンデン協会のメンバーたちは理事会の中にいる非当事者があまりにも多くのことを決めすぎると言うようになりました。

　ほとんどの会議でその2人は難しいことばをつかい、非常に早口でしゃべって、ほとんど2人だけで話を進めていました。去年の終わりから今年の初めにかけて、グルンデン協会の総会において、グルンデン協会のメンバーたちは理事会のメンバーを替えると決定しました。今、理事会から非当事者は抜けて、メンバーは知的しょうがい者のみとなりました。

　理事会はすべての計画を立てる責任と、さまざまな活動に関する責任を負っています。そしてお金に関しても650万クローネという財政に対する責任を負っています。20人の雇用者に対しても彼らは責任を負っています。プラス30人のデイセンターの当事者に対してもそうです。

　グルンデン協会以外の人々は、グルンデンがたくさんのお金に対してどう責任を負っているのかについて、非常に不安に感じています。そして、グルンデン協会が雇っているたくさんの雇用者に対して、どう責任を負っていくのかについて、彼らは私に尋ねてくるのです。グルンデン協会のメンバーに直接聞く代わりに、私に聞いてくるのです。

　私は彼らに答えます。「他の組織と同じように、私たちの協会も機能しているのですよ」。たとえば、ボルボの会社の理事会にしても、大きな銀行の理事会にしても、たくさんの予算をもっている会社の理事会だって、優秀な

会計士に支援をさせているでしょう。お金の計算をしているのはボルボの理事会のメンバーではない。理事会で決めるのは、そのお金がどのように使われるのかです。

　全く同じことがグルンデン協会でも行われています。理事会のメンバーはそこに座ってお金の計算をしているわけではないし、帳簿をつけているわけでもないのです。何を決めているかというと、お金がどのように使われるか、です。グルンデン協会の理事会の仕事はお金に関して、異議を言ったり承認をしたりすることだと思います。

　会計士の一番大事な仕事は、グルンデン協会の会計を理解しやすいようにまとめることです。会計士の女性は毎月、理事会に出て説明します。グルンデン協会のお金がどのように使われていて、いくら残っていて、何に使われてきたかを、毎月説明するのです。彼女はグルンデン協会の理事に対していくつかのアドバイスをすることができますが、アドバイスをもらったとしても最終的に決定するのは理事会なのです。スウェーデンの他の会社や組織と全く同じことです。

　グルンデン協会はたくさんの雇用者を雇っていて責任をとれるのかという問題ですが、スウェーデンには雇用に関して多くの法律があり、雇われている人の権利を守るために、多くの制約があります。たくさんの人を雇っている組織は国で決められた法律に従わなければなりません。組織の中に雇用者を守るための委員会があります。グルンデン協会の中にも雇用者に対して責任をとるグループがあります。そのグループは２人で構成されていて、その内の１人は雇用問題に関して特別な教育を受けています。この２人のグループは、理事会で雇用問題についてさまざまなアドバイスをしています。それは簡単なことなのです。グルンデン協会は簡単に機能しているのです。

Ａ：理事全員が知的しょうがい者だというのは、スウェーデンの中では少数モデルなのですか？

アンデシュ：私が知っている限りでは、グルンデンは一番最初の組織で、そ

れなりにお金をもらって活動しているのはグルンデン協会だけです。ごく小さなグループはたくさんあります。

　イェテボリから毎年650万クローネほどもらっています。

B：日本円にしたらどのくらい？　8900万円（2001年現在）くらい？

アンデシュ：政治家も行政で働く人たちもグルンデン協会を支援しています。グルンデン協会がそのお金について責任をもてることを信じています。

C：信用しているんだね。それは日本と違う。日本の政治家は保守的だから抑えよう、抑えようとしています。

B：会計士や秘書という専門家が協力し、決定するのは本人だということですね。ぼくはそういうのがいいと思う。

アンデシュ：Dというグルンデン協会の当事者が会計士の女性と一緒に協会で仕事を始めています。Dと会計士の女性が一緒に働くことは、Dが会計について理解すると共に、他のメンバーも会計について理解することにつながっていきます。そこがポイントです。

E：会計を理解できないとダメということですか？

アンデシュ：そうではなくて、会計士の一番重要な仕事は、会計についてグルンデン協会のメンバーに説明をすること。会計士である彼女はDに一番最初に説明する。Dが理解できたら他のメンバーも理解できる。Dは会計ができる必要はありません。彼女が彼にうまく説明できることがポイントです。

A：日本の会計は法律やルールがありすぎて、知的しょうがいがなくても一般の人にわかりづらい。

B：そうして専門家が優位に立ってるわけ。（笑）

アンデシュ：スウェーデンも全く一緒です。非常に難しく複雑できびしい法律がある。すべての組織は財務諸表を出していく必要があります。それに監査が入る。非常に理解しにくいです。すべての組織が準備しておかなければならない。グルンデン協会はもっと簡単にしたバージョンを用意しています。

A：私もがんばります。（笑）

アンデシュ：グルンデン協会の会計に関して、監査が入る。会計についてわからないことがあると、その監査の人に当事者が質問をするのです。他のところではそんなにきちんと尋ねられたことがないと言われます。グルンデン協会の理事会は、会計を簡単にまとめて説明していく方法を見つけた。世界で一番いいものだと思う。それを売ってもいいんじゃないかと思う。

F：Aさん、行って勉強してきて。それは大きい。そのシステムが大事だろう。

C：当事者に説明とか適切な援助をしようとしたら支援者の資質が非常に求められると思う。日本でもちょっと油断すると悪い支援者がいっぱいいて。支援者の資質の点検をするというシステム、あるいはチェック機構というのはあるのだろうか。スウェーデンでも悪い支援者はいっぱいいるでしょう？

アンデシュ：もちろんスウェーデンにも悪い人がいる。グルンデン協会で求人の新聞広告を出すときには、「グルンデン協会の趣旨に添える人、よい人間であること」というふうに出します。すべての協会、組織、会社、政府はみんなリスクを負っています。つまり悪い職員を雇うかもしれないというリスクはどこにでもあります。でもグルンデン協会の理事会はよくない職員に対して首を切る権限をもっています。

F：逆に人事権が乱用されるというか、経営側からおまえはいらないと言われたら、あわててしまうところもあるんやけど。

アンデシュ：私が働いてきた所の理事と、グルンデンの理事は何ら代わりはないと感じています。

G：権限を悪用することはないのですか？

アンデシュ：それはわからない。他の組織の理事会や協会がそういうことをするかもしれないでしょう。それと同じです。グルンデン協会の理事たちは、そういう役割に就いてまだ2年しかたってない。それ以上の経験はない。だから、悪用するというところまで行ってないのです。

C：実験段階ですね。

F：会計システムをちゃんと説明できるというか、今年黒字ですというだけではなくて、証拠をもって長期的に判定しますよと説明することがみそのような気がする。資料がほしいですね。それは行かないともらえないのかな。
アンデシュ：会計をいかに簡単に説明するかというパンフレットを作ったりしていますが、まだまだDがわかるものを彼女は作ってない。
G：作ってくるべきじゃないの？
アンデシュ：きっとそうだろうね。できたらきっと売れるでしょう。（笑）
F：日本では当事者に情報公開することを言われているが、今の書類を出したって、ほとんどわからない状態で、理事だってわからない。
C：Bさんだってわからない。
B：寝てます。（笑）
F：そういう意味では非常に大きいような気がします。
B：スウェーデンでも、日本と同じように知的しょうがい者は物事を判断できないとずっと長い間見なされてきたでしょう。当事者が自分たちで決めて運営するように変わってきている。その過程で何が一番大事だったのでしょうか。なぜそういうふうに変わってきたのか、アンデシュさん個人はどう考えておられますか？
アンデシュ：最初に何がきっかけになったかというと、知的しょうがいのある人が互いに出会ったこと。デイセンターであったり入所施設であったとしても、その人たちが出会って小さなクラブをつくっていったことが大きい。それは60年代に始まりました。
B：当事者がクラブをつくったり、ネットワークをつくって少しずつ自己決定をしてきた過程で、アンデシュ自身は、考えをどこかで変えることになったのではないかと思うのですが、個人的経験はあるのですか？　当事者がクラブをつくって、組織をつくって運動をしても、周りの健常者はなかなか納得できないのですよ。やっぱり知的しょうがい者にはわからへん、できない、と思うでしょ。アンデシュが知的しょうがい者に対する見方をどっかで変え

たきっかけ、体験はあるのでしょうか？　日本人の多くはそんなことはできないと思っていると思います。

アンデシュ：特にこの経験をしたから変わったとか、この時期から私はすっかり変わったということはなかったのですが、この仕事を始めたときと今の考え方は全然ちがいます。最初、入所施設のストレッテレッドで働き始めたときにものすごく強い衝撃を受けました。まだこんなところで生活している人がいるんだと思ったことがあるかもしれません。自分は間違っているとずっと思ってきました。

Tack!
Vi ses igen!

写真21. 創思苑理事会にて

第4章　当事者が組織を変え、組織運営の主役になるための試み
——パンジーからのメッセージ——

さわやかチーム（代表：梅原義教、中山千秋、生田進、宮田隆志、
中多百合子、山田浩、西村実）
（支援者：西野貴善、下川美希）
林淑美・滝川峰子
遠藤美貴

第1節　「パンジーを変える特別チーム・さわやか」立ち上げ
——パンジーからのメッセージ

1　さわやかチームの立ち上げ：なぜ・どのように
社会福祉法人創思苑理事長・林淑美

（1）自分らしくあたりまえに生きる〜創思苑のめざしてきたこと〜

社会福祉法人創思苑は、1993年に法人の拠点となる、クリエイティブハウス「パンジー」（知的しょうがい者通所授産施設）をオープンしました。運営を開始するにあたり、「どんなにしょうがいが重くても、地域で自分らしくあたりまえに生きる」「地域での暮らしを支援できる職員を育てる」を大きい柱としました。また、「普通の施設にしない」ために、施設に対する価値観や合理性を覆すさまざまなことを試みてきました。2000年には二つ目の拠点を、2007年には三つ目の拠点をそれぞれオープンしました。パンジーをオープンしたときの思いは、それぞれの拠点にも引き継ぎました。パンジーで大切にしてきたことを示すと次の3点になります。

①当事者が主役
　施設は、理事や職員のためのものではありません。施設の運営にできるだけ当事者の意見が反映できるように、運営委員会をおいています。運営委員会は、当事者、理事、職員、保護者で構成され、当事者も平等な発言と議決の権利をもっています。現在は、当事者の1名が理事、1名が評議員となり、法人の運営にも携わっています。また、三つの日中活動の拠点にはそれぞれに、当事者の会議があります。当事者会議の役員で構成される「かえる会」では、毎年、当事者による職員面接を行っています。
②とにかく外に出る
　施設内ではできることが、外ではなかなかできないことがあります。そのため、当事者が外に出て経験から学ぶことを大切にしています。販売に出かける、昼食後はコンビニや喫茶店に行く、地域のサークルに出かけるなど、アクティブに活動しています。
③施設の施設たるものを排した
　部屋には鍵がなく、玄関は自動ドアのため、どこへでも自由に行くことができます。不安を感じた保護者から監視カメラをつけてほしいなどの要望がでた時期もありました。また、事務室を2階においたため、来訪者がまず声をかけるのは、当事者になることが多くなりました。そして、地域の人が気軽に出入りできる雰囲気にしたため、従来の施設をイメージして訪れる人は、前を通り過ぎることがあります。

　現在、三つの日中活動では、約80人が利用しています。また、ケアホームでは、約60人の生活を支援しています（社会福祉法人創思苑組織図、117頁参照）。
　パンジーを立ち上げてから10年以上が経ち、規模もどんどん大きくなってきました。これまで、どうしていいか途方にくれたことや、先の見えない不安にさいなまれたことなどたくさんのエピソードがあります。しかし、唯

―自信をもって言えるのは、何事も諦めなかったことです。振り返れば、一つひとつが懐かしく、たくさんの人の知恵と助けを得ながら、今があります。そして、それぞれのエピソードによって当事者も職員も成長し、「どんなにしょうがいが重くても、地域で自分らしくあたりまえに生きるのを支援します」と言える自信につながっているのだと思います。現在、その自信を、入所施設からの地域移行に活かしています。

（2）ピープル・ファースト運動について

　私の知る限り、ピープル・ファースト運動が日本に紹介されたのは、1991年6月、『季刊福祉労働』50号記念・大阪府総合福祉協会5周年記念シンポジウム「ノーマライゼーションの現在」のために、カリフォルニアのキャピタル・ピープル・ファーストのリーダーの一人であるコニーさんと、ファシリテーターのバーバラさんが来日されたのが最初だったと記憶しています。コニーさんはあふれるほどのパワーと自信をもっていました。バーバラさんはさりげなく、しかし確実にコニーさんを支えていました。

　それ以来、1993年のカナダで開催されたピープル・ファースト国際会議への参加をはじめとして、全障連（全国障害者解放運動連絡会議）大会の知的障害者分科会、日本での全国規模のピープル・ファースト大会など、さまざまな知的しょうがいのある人の当事者運動が模索され始めました。そして、パンジーも、当事者運動に積極的に関わり始めました。

　1995年、私はカリフォルニアで開催された「'95自立生活支援会議」に参加しました。驚いたのは、必要なサービスが法律で定められた権利として保障されていることでした。IPP（Individual Program Plan）は、当事者中心の個別支援計画です。ケースマネージャーとの面接で決定され、このプログラムに基づいたサービスが提供されます。そして、IPPによって決定されたことは必ず実行されなければならないと、ランターマン法（カリフォルニア発達しょうがい者権利擁護法）は定めています。

また、コニーさんと数人の日本の当事者が話し合っている場面に居合わせる機会がありました。コニーさんが「あなたはあなたのままでいいんだよ。そして、あなたが、まず、リーダーになりなさい。リーダーはね、仲間をリーダーに育てるという大切な仕事があるんだよ」とやさしく語りかけるのを、日本の当事者はうれしそうにうなずきながら聴いていました。私たち職員は見たことのない笑顔でした。この時、私は当事者リーダーの重要さを、実感しました。
　その後も、何度かカリフォルニアに研修に行くなかで、自信がどんどんわいてくるワークショップ「元気のでる話」や、当事者による講演活動、サングループ事件をテーマにした「たちあがろう」などを当事者の活動としてつくりました。これらの活動は、「自分に自信をもつこと、仲間同士支え合うこと」をめざした活動です。
　私はピープル・ファースト運動の理念をどう実践していくか試行錯誤をしながら、当事者のリーダーが少しずつ育ってきたことを感じ始めていました。

　（3）中間総括　きびしい指摘を受ける
　2000年、創思苑の7年間の活動の総括と、今後の方針を考えるためのシンポジウムを開催し、河東田さんに特別提起をお願いしました。河東田さんは2日間パンジーの活動の様子を見て、立ち上げからの資料を読んで提起をしてくださいました。
　「パンジーの活動はピープル・ファーストにかなった取り組みになっているのか。パンジーのめざしてきたものが職員間で共有化されているのか」といった内容で、聴いていた創思苑の理事が「河東田さんから非常に手厳しい評価をいただきました。しかし私は、私たちの一番の評価点は、こんな手厳しい批判をする人にあえて講師をしていただいていることだと自負しています。自分たちの運動に自信をもつということと、自分たちの運動の内容を点検する、この作業を両方するというのはなかなか難しいことです」と語って

いるように、厳しいものでした。

　目標を掲げるのは簡単です。しかし実現に向けてどう実践するのか、実践のプロセスで知的しょうがいのある人たちの当事者主体をどう根づかせていくのかは、その当時、全く手探りの状態でした。私自身、希望は語れても、パンジー外は言うに及ばず、パンジー内でも十分に理解してもらえるだけの説得力を持ち合わせていませんでした。そのような状況でしたので、私は河東田さんの提起を、消え入りたい思いで聴いていました。

　シンポジウム後、特別提起の趣旨を、私は以下のように理解しました。
・パンジーは当事者主体のさまざまな活動をつくり出してきた。しかし、ピープル・ファーストをめざしているのなら、メンバーとスタッフの関係や組織のあり方を大きく変える必要性がある。
・シンポジウムで当事者が「かってに決めるな！」と発言したように、現時点では当事者と職員の立場を超えられていない。
・めざすものの実現のために、スウェーデンのグルンデン協会から学ぶのも一つの方法である。
・活動を進めるにあたり、当事者と職員の立場の違いを明確にするのが前提となる。

　言い換えれば、「足元を固めなさい。それをしないと、いくらがんばっても危ういですよ。足元を固めると、しっかりと根づきます」ということだと思います。同時に7年間の活動を見事に切られたようにも感じました。しかし、私は入所施設で働いた時期があり、どんなに職員ががんばってもその努力を無にしてしまう、施設が存在するだけでもってしまうパワーを知っていました。そのため、パンジーをオープンするときに、事務室の位置や鍵等にこだわりました。また、組織についても可能な限り対等になるよう運営委員会を置くなどの工夫はしましたが、パワーの逆転までは思い至りませんでした。

　見事に切られたくやしさと思い至らなかったくやしさで、「よし、がんば

ろう！」と思いました。そして、当事者と話し合い、パンジーを変える「かえる会」の発足と、河東田さんの言っていたグルンデン協会に行き、当事者と職員の立場を超えることとはどういうことなのかを知ろうと決めました。

（4）グルンデン協会から学ぶ

　河東田さんは特別提起の中でグルンデン協会について、次のように話しました。「親の力から逃れたい、職員の力から逃れたいという当事者の思いがあり、そのことを支援者が受け止めました。当事者は支援者と共に親の会や施設職員に対して息の長い働きかけをして来た結果、当事者が主体となる理事会をつくることができました。知的しょうがいと言われている人たちがボスになったのです。パンジーがピープル・ファースト的な取り組みを本当の意味で展開するのなら、一つの大きなモデルになるでしょう」。

　2001年、知的しょうがいのある人たち4名と、支援者13名でスウェーデンのグルンデン協会へ研修に行きました（第3章第1節参照）。日中活動の場や理事会を見学し、理事長のハンス、理事のアンナ、支援者のアンデシュたちと当事者主体について意見交換をしました。

　私たちは当事者主体とはゆっくりペースであることを学び、帰国後は「パンジーをゆっくりペースにしよう」と話し合いました。ゆっくりペースとは「当事者が自分たちで考え活動できるよう、情報提供の工夫を心がけたり、話し合いの時間を多くもつようにすること。そして、話し合うことによって当事者が活動の中身や流れを理解し、エンパワメントすることをめざすこと」だと考えました。

　また、当事者によるパンジーを変える「かえる会」ができ、「職員だけで決めるな。当事者同士もっと助け合おう」をめざし、活動しました。当事者が中心になる事務所もつくりました。「はっしんきち『ザ☆ハート』」です。鍵は当事者が持ち、当事者が職員（支援者）を選び、活動を始めました。

　2002年には、グルンデン協会の当事者のトミーと支援者のアンデシュと

日本で再会しました（第3章第2節参照）。私にとっては、研修のとき以上に貴重な時間になりました。その中で最も印象に残っているのがアンデシュの言葉です。「たった10分ほどで理事会を当事者だけにすることが決まったが、そこまで来るのに何年もかかった。もっと時間をかけたほうがいいと言う人たちもいたが、今言えるのは、同じことは10年前にできていたのではないかということだ。それができなかったのは、当事者は自分たちで何とかしたいと思っていても、その責任を他の人たちがとっていたからだ。パンジーの人たちに時間をかけなさいとは言えない」。

「そうだろうな」と思いました。特にパワーの関係を変えるときは、一気に変えてしまったほうが、状況が後からついてきます。ただ、パワーを逆転するのが最終目的なのか、当事者主体の組織にするために、パワーの逆転をプロセスとして辿る必然性があるのかが、疑問として残りました。急激なパワーの逆転は痛みを伴います。当事者からは「甘いよ！」と指摘を受けるかもしれませんが、対立ではない統合の（ような）形があるのではないかという迷いがありました。

（5）再度、当事者主体をめざして

2007年、再度「パンジーを当事者主体にする」活動が始まりました。それまでの数年は、パンジーが活動の方向性を探しあぐねていた時期かもしれません。

当事者が自分たちで運営する事務所の「ザ☆ハート」は、ピープルファーストジャパンの事務局を引き受けました。日本における当事者運動への大きい期待を込めて事務局を引き受けましたが、めざそうとした「ゆっくりペース」は消えかかりました。次第に「しんどい」「忙しい」などの言葉が出るようになりました。当事者は、しんどくてスピードが要求される当事者運動でいいのだろうか、自分たちは、時々はしんどくても、仲間同士助け合って楽しいと思える当事者運動をめざしてきたのではなかったかと、運動の進め

方や当事者と支援者の関係への疑問をもつようになり、疑問はだんだん大きく膨らんでいきました。そして、当事者は悩みに悩んだ末、ピープルファーストジャパンをやめることを決めました。現在は、運動内で疑問を解決しよう、自信がどんどんわいてきて自分たちをかっこよく思える運動にしようと、ピープルファーストジャパンに戻っていますが、その当時感じた疑問は、パンジーの当事者たちの大きい課題になっています。

パンジー内では、「かえる会」をはじめとして、当事者が法人の理事になったり、職員面接をするなど、活動として定着はしてきました。しかし、当事者も職員も、当初の目的を見失いがちになっているのではないかと不安になる時がありました。また、しょうがい者福祉をめぐる状況も大きく変わり、法人の運営にも「効率性」が要求されるようになり、守りの体制を固める必要がありました。

以上のような状況を抱えながら、どこに突破口を置くのか探しあぐねていた時期に、河東田さんから「当事者が中心になり自分たちで考え決めていけるようなパンジーにするために、2年間、集中して取り組みませんか」と、提案がありました。

突然の始まりでしたが、さわやかチームの話し合いに参加して、「時間をかけて話し合うなかで、形が見えてくる」ことに気づきました。私のパワーに対する迷いも、話し合いのなかできっと姿を現してくると、今は信じることができます。

写真1. さわやかチーム

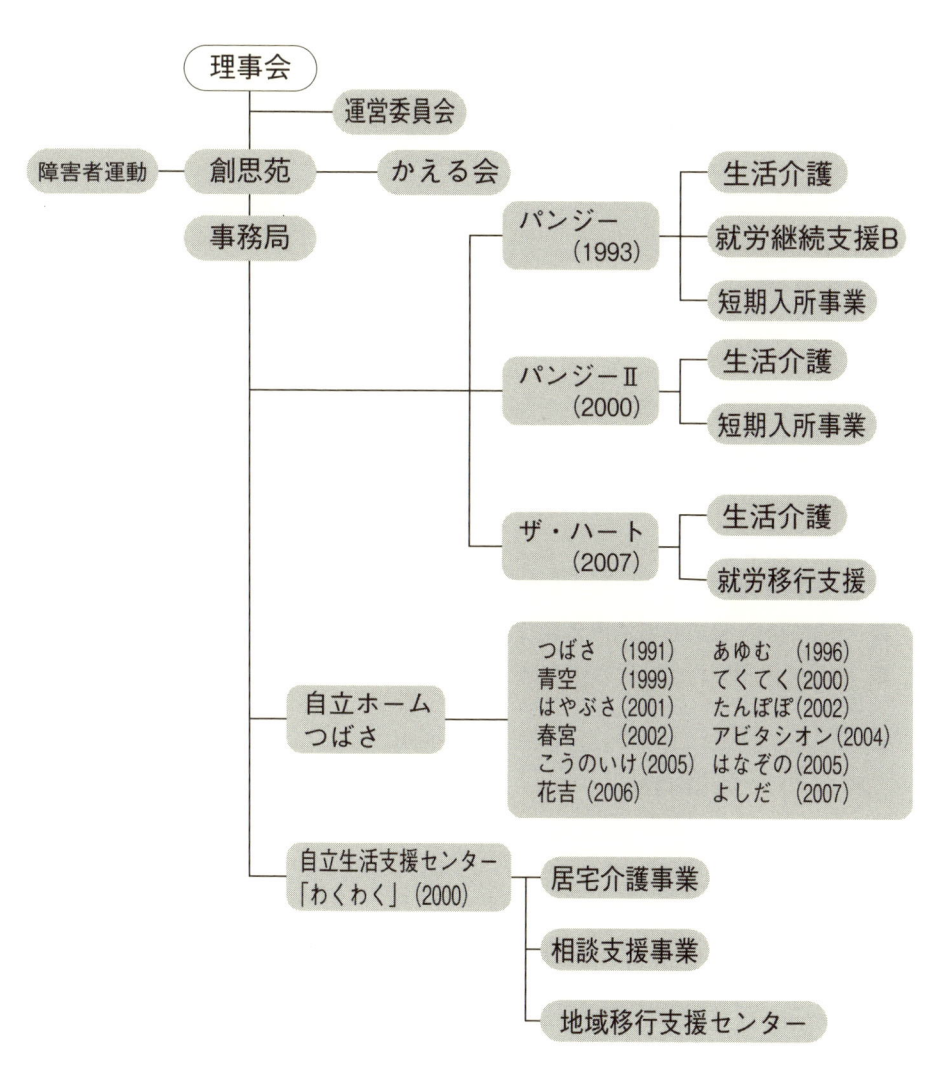

```
                  ┌─ 運営委員会
             理事会
              │
障害者運動 ─ 創思苑 ─ かえる会              ┌─ 生活介護
         事務局                    パンジー    ├─ 就労継続支援B
              │         ┌────────(1993)  └─ 短期入所事業
              │         │
              │         │          パンジーⅡ  ┌─ 生活介護
              ├─────────┤          (2000)   └─ 短期入所事業
              │         │
              │         │          ザ・ハート  ┌─ 生活介護
              │         └────────(2007)   └─ 就労移行支援
              │
              │    自立ホーム    つばさ (1991)   あゆむ (1996)
              ├──  つばさ       青空   (1999)   てくてく (2000)
              │                 はやぶさ (2001)  たんぽぽ (2002)
              │                 春宮   (2002)   アビタシオン(2004)
              │                 こうのいけ(2005)  はなぞの (2005)
              │                 花吉   (2006)   よしだ   (2007)
              │
              │    自立生活支援センター  ┌─ 居宅介護事業
              └──  「わくわく」(2000) ─┼─ 相談支援事業
                                      └─ 地域移行支援センター
```

創支苑組織図

2 さわやかチームの取り組みの概要とメンバーの思い

さわやかチームメンバー一同

2007年6月から始められたパンジー改変の試みがどのような紆余曲折を経て今日に至っているのかを、さわやかチームの取り組みを通して紹介する。なおピープル・ファーストからの学びは、終章でまとめて取り上げる。

（河東田　博）

6月：パンジーを変える提案がある

- アドバイザーからバンジーを変えるチームをつくる提案がある
- メンバー・支援者が決まる
- 7月に合宿に行くことが決まる

メンバーの感想
- よくわからんけど、嫌だと思った。
- 急だったので迷った。
- しんどそう。
- 心配になった。
- パンジーが変わるのはいいけど、もうちょっと時間がほしい。

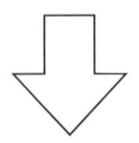

↓

びっくり

■当事者中心の大会をしたい

　パンジーでは新しい当事者中心の大会をしようと、当事者と支援者とで計画を練っていた。地域生活を支える支援者や専門家・親も巻き込んで、11月頃に大阪で、300人くらいで、と具体的に話が進んでいた。大会に関わってほしいと考えていた立教大学の河東田さんを招いて話し合いをもち、自分たちの新しい大会を開きたいこと、そのためにアドバイスがほしいことを伝えた。しかし河東田さんからは、思いがけない言葉が返ってきた。「大会もいいかもしれないが、それよりパンジーを変えるための活動をしてみたらどうか」という提案に、みんな驚き、「大会はどうなるの？」と不安に思う声も上がった。

■パンジーを変える活動?!

　6月に、再度河東田さんとの話し合いをもった。河東田さんからはさらに具体的な提案が出された。今のパンジーは、当事者が一番下に位置する。これでは当事者が中心とはいえない。当事者が理事長になって、職員と当事者の位置を反対に変えるための活動を仕事にしたらどうか。

・作業所の仕事を毎日しないで、チームをつくってパンジーを変えていくことを仕事にする
・そのためにまずは2年間、集中して取り組んでみよう
・7月に泊まりがけで話し合って今後のことを決めたい

　今すぐにどうするかを決めなくてもじっくり考えて決めたらいい、という言葉に戸惑いながらもみんなは賛成した。「夏の合宿」を行うことになったが、誰が参加するのか、合宿の費用はどうなるのか、本当にやるの？　とさまざまな意見が出た。それでも当事者が職員よりも力をもつパンジーを変える、ということに「なんかおもしろそう」という思いがあった。

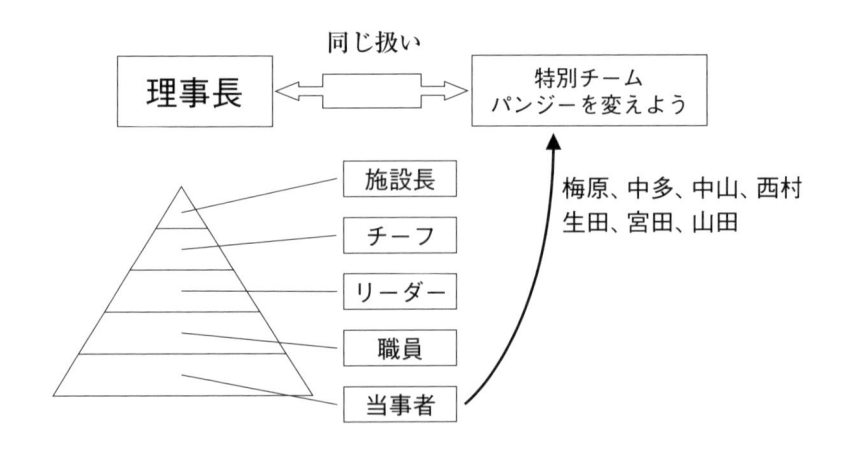

```
           同じ扱い
   理事長 ←─────→  特別チーム
                   パンジーを変えよう

         ┌─施設長        梅原、中多、中山、西村
        ┌┤─チーフ         生田、宮田、山田
       ┌┤├─リーダー
      ┌┤├┤─職員
     ┌┤├┤├─当事者
```

■特別チーム

　こうして、新しい大会の計画と並行して特別チームの活動が始まった。合宿までは、毎週月曜日に集まり支援者を決めたり、合宿の目的を確認し合った。「パンジーのここがおかしい」と思うことを三つ考える宿題もそれぞれ考え、当日持って行くことにした。しかし話し合いの中では、当事者が職員の上に立つということに違和感をもったメンバーもいた。梅原は会議の中で何度か不安を口にした。

・何をするか、ぼくわからん。合宿は行きたいけど、ここで何をするの？
・なんか納得いかんなと思う。メンバーが職員をやるということ？
・今の職員になんでも言わなあかんと思う。でもそのためには、当事者も変わらなあかんけど、職員も変えなあかんと思う。みんなが、もっと力つけなあかんと思う。

　パンジーを変えるということや当事者が力をつける活動をしよう、ということには、みんな意見は一致していたが、これまでの職員との関係や自分自身の日々の仕事のことを考えると、「よくわからない」「難しい」「大変そうだ」と感じていたようだ。

7月 ― さわやかチームスタート

合宿
- チーム名をパンジーを変える特別チーム「さわやか」に決定
- メンバーから見た、パンジーの課題
- さわやかチーム方針と目的の確認
- 委嘱状・委嘱料（1万円）

メンバーの感想
- 自信がなかった。パンジーを変えるのは難しいと思った。
- 努力したらできる。難しいと言っても、やってみないとわからないと思った。
- 1万円もらえてがんばろうと思ったけど、だんだんしんどくなった。
- 不安はあったけど、なんとかやっていけそうと思った。
- 1万円ほんとうにもらえるのかと思った。他の当事者には言えなかった。
- 「みんなやる気あるの？」と1人の当事者が怒った。
- パンジーを変えるのに、何をすればいいのかわからなかった。
- 1万円の仕事って何だろうと思った。

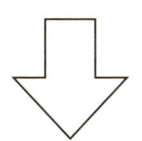

⬇

迷い・やる気・1万円

■合宿の目的
　現在のパンジーがどうなっているかを調べ、「当事者中心のパンジーに変える」とはどういうことかを考えた。またそうなるためには、どうしたらよいのかを話し合うことを目的とした。

＜合宿スケジュール＞

7月9日（月）		7月10日（火）	
14:00	話し合い① （さわやかチームのスタート、パンジーのここがおかしい、名前の決定）	9:00	話し合い③ （まとめと今後の方針の確認）
17:00	休憩	12:30	終了
18:30	夕食		
20:00	話し合い② （委嘱状と委嘱料について、さわやかチームの目的の確認、支援者の決定）		
21:30	終了		

■名前が決まる〜パンジーを変える特別チーム「さわやか」
　パンジーを変える特別チームの名前を決めることとなった。「コスモス」や「仕掛け人」などの意見が出たが、多数決で「さわやか」に決まった。
　日本で初めての当事者中心の法人という大変なことをするが、さわやかに成し遂げていこうという意味の込められたチーム名である。

■メンバーから見た、パンジーの課題
　この合宿に向けてアドバイザーから今のパンジーの悪いところ、困っているところを考えるという課題が出されていた。メンバーが考えたことをいくつか挙げる。
・悪いところは、いざというときに職員と連絡ができないところ。
・ハート（創思苑の作業所の一つ）にはメンバーが少なかったし、職員も少ない。

後に残った当事者ほったらかし。大げんかのときはどうするの？　ちょっと考えてほしい。
・職員はもうちょっと一人ひとりの当事者のことを考えてほしい。
・心の優しい職員がほしい。

中山：新しい職員を雇うときに、心の優しい人がほしい。
河東田：今、職員を雇うときに、みんな面接してる？
生田：してる。面接で履歴書見てやってる。
梅原：僕と生田さんがやってる。
林：法人の役員やから。（生田・梅原は法人の役員で、採用試験の面接官をしている）
梅原：僕と生田さんと林さんと滝川さん。
河東田：中山さん、この２人が面接してるんだって。
中山：もうちょっと面接をする当事者を増やしたほうがいい。
生田：もう１人増やすということ？
梅原：今理事をしてるのが２人やから、もっと理事になったらいい。
河東田：中山さん、面接するときに当事者を増やすと心の優しい人が増えるかな？
中山：わからない。

写真2. 合宿・会議風景

■さわやかチーム方針と目的の確認
　特別チームをうまく進めるためにアドバイザーから二つの提案を受けた。
　(1)　特別チームを強くするための勉強会・研修会
・会議の進め方を学ぶ
・お金の管理の仕方を学ぶ
・人へのものの伝え方を学ぶ
・人の話がきけるようにするにはどうしたらよいかを学ぶ
・法律や制度について学ぶ
・社会の仕組みを学ぶ
　(2)　今のパンジーがどうなっているのかを把握するための調査
・仲間へのインタビュー
・職員へのインタビュー
・理事へのインタビュー

　(1)は、メンバー自身の力をつけていくための活動である。全員が今の自分自身の苦手なことを見つめ、勉強していこうということになった。
　(2)は、さわやかチームのメンバーが職員に対して思っていることを他の当事者がどう感じているのか、当事者が理事になることについて職員がどう思っているかを調べる。「調べるんやったら、徹底的に調べたらいい。悪いところとか、言ったほうがいい」という意見がメンバーからでた。
　この二つの提案を受けてメンバーからは「これをやらないとパンジーは変わらない」「やろう」という声があがったが、一方で「ほんとうにやれるの」「難しいと思う」という意見もあった。
　しかし、「パンジーの当事者がもっと意見を言えるようになったらいい。今は職員の力が大きくて当事者の力が小さい。それを反対にしていきたい」という問題意識から特別チームの目的を以下のように決めた。

> ＜特別チームの目的＞
> 1　当事者がいきいきと働けるパンジーにしていくこと。
> 2　当事者が中心になれるパンジーにしていくこと。
> 3　当事者が、自分たちで考え、決めていけるパンジーにしていくこと。

■委嘱状・委嘱料（1万円）
　アドバイザーから理事長の林に、パンジーを変える特別チーム「さわやか」の位置付けを明確にするために以下の提案があった。
・このチームを理事長の諮問機関に位置付ける。
・メンバーには委任状（理事長の印鑑のついたもの）を渡す。
・予算をつける。
・期間は2年間。
　これを受けてさわやかチームのメンバーは委嘱状を受け取り、今までもらっていた作業所の給料に加えて1人1万円の委嘱料が決定した。このことでメンバーは「やろう」という気持ちになり、同時にメンバーに責任ある活動という意識が芽生えたように感じる。

■迷い・やる気・1万円
　「パンジーを変えよう」というやる気に満ちあふれていた一方で、本当にやっていけるのだろうかという不安や迷いもあった。また1万円がうれしいという気持の一方で、他の当事者がどう思うだろうという不安もあったようだ。

8月 — チーフインタビュー

- ■ チーフインタビュー
- ■ さわやかチームの説明会（当事者・職員）

メンバーの感想

- 説明会でいろいろと（厳しい意見を）言われた。さわやかチームの最初の頃で危ないときだった。
- （他の当事者に）1万円のことを言われてドキドキした。
- 説明がうまくできなくて反省した。
- 自信をなくした。このままではあかんと思った。
- ほかの人に、（委嘱料のことが）申し訳ないと思っていた。
- 作業所でワイワイ作業するのが楽しかったので、「さわやか」が辛かった。
- 1万円の仕事をやっていかなあかんと思った。
- 職員に「やる気があるんですか」と言われた。
- チーフの仕事は難しそう。不安になった。

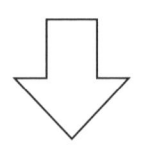

⬇

反省・不安・難しそう・自信をなくした

■チーフインタビュー

　さわやかチームの最初の仕事である。

　創思苑の事務局は、理事長１人・施設長１人・チーフ５人の７人（以下、チーフと呼ぶ）で構成されている（139頁参照）。チーフの仕事を知るために７人に仕事についてインタビューをした。

　さわやかチームがパンジーを動かしていくために、パンジーにどんな仕事があるか知る必要がある。しかしチーフの話は難しくメンバーは困惑してしまった。

　日中活動の場やグループホームのチーフの仕事はイメージできるようだが、事務や理事長の仕事については初めて聞く言葉が多く、「難しい」「できない」と感じたメンバーが多かったようだ。

　チーフの仕事が難しく責任が重いことがわかり、メンバーは自信をなくしてしまった。

■さわやかチームの説明会

　さわやかチームの活動はパンジーの運営を大きく変えることになるので、当事者・職員にさわやかチームの活動の目的や内容を知らせる説明会をした。

　説明会では、さわやかチームの目的と委嘱状・委嘱料（１万円）のことを説明した。聞いていた当事者や職員から「『かえる会』とどう違うのか」「１万円もらえるんやったら、『さわやか』に入りたい」「１万円は何に使うのか」と意見がでた。

　委嘱料についてメンバーは「他の当事者がどう思うか」とずっと気になっている部分だったため、とても緊張していた。メンバーは「１万円もらうからには、がんばる」と答えたのだが、やはりプレッシャーが大きく、この後しばらく委嘱料のことを公言するのを避けるようになった。

　またメンバーが説明会に集中できていなかったときには、職員から「メンバーの態度が悪い」「頼りなくてパンジーを任せられない」という厳しい意見があった。

今回の説明会では、メンバーが他の当事者や職員がどう思っているのか知る機会になった。さわやかチームの活動はとても責任が重く真剣にやらなければならない活動であることや、容易に合意を得にくい活動であることを知った。

写真3. 職員への説明会　　　　写真4. チーフインタビュー

■反省・不安・難しそう・自信をなくした
　メンバーはさわやかチームの活動を不安に感じた時期だと思う。
　チーフインタビューは理解しにくい話が多かったし、説明会ではメンバー自身もこれから何をしていったらいいのかわからない状況で、厳しい指摘を受けた。そのため、自信をなくしたときがあった。
　またメンバーは他の当事者や職員にうまく説明できなかった反省の気持ちも感じていたようだ。

9月 → **チーフ体験（1回目）**

- ■ チーフ体験（1回目）
- ■ さわやかチームのポスターを作った

メンバーの感想

- ・（チーフは）大変な仕事やねんなと思いました。部門代表者会議にでました。ものすごく頭が痛くなりました。
- ・忙しかった。電話がたくさんかかってきた。
- ・前の石けん工場（以前勤めていた工場）のときは事務所に入れなかった。パンジーやから（事務所に）入れる。
- ・事務局会議にでた。難しい会議やから帰りたいと言った。職員もこんなにがんばっているんやなと思った。会議ばかりだった。
- ・できるのかなーと不安に思った。
- ・はっきり言ってしんどかったです。いろいろな話があって、とにかく忙しくて緊張した。自分でも責任者になってちゃんとやれるかなと心配になった。がんばらなあかん、ちょっとしんどいけど。
- ・難しいなーと思った。

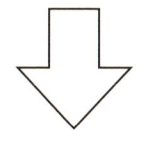

⬇

心配・忙しい・難しかった

■チーフ体験（1回目）
　8月にチーフインタビューをした。メンバーは「大変そう」「難しい」と言いながらも片方では「やってみたい」「これから勉強したい」と前向きな様子でもあった。
　そこでパンジーで責任をもって仕事をすることを体験するために「チーフについて一緒に仕事をする」という提案がアドバイザーからあった。メンバーは具体的な活動が始まるので「いよいよ練習になってきた」とやる気を見せた。しかし、1週間、朝から夕方までチーフにつかなければならないとわかると、急に不安になったのか、「パソコンはできない」「何時まで？」「ずっと一緒におらなあかんのかな」などの質問がでた。
　パソコンを使った仕事は難しいので、その時には説明を受けて知る。時間は9時から18時までと決めると納得し、やってみることになった。
　初めてのチーフ体験を終えて、メンバーからは「ハード」「大変」「難しい」「難しくて頭が痛い」「ついてみてよかった」「しんどかった」という意見がでた。その後の話し合いで「しんどかったけどあきらめたくない」「しんどいけど、仕事だからぜひ、やっていきたい」などの前向きの意見がでた。
　その後アドバイザーから「自分たちが、施設長やチーフになることについてどう思いますか？」という質問に対し、「あと2、3年かかる。大変そうやけど、やってみる」「チーフはいろいろ考えてるなと思った」「やっぱり、難しいかなと思った。2年間では難しいかなと思う」「やりたいけどな、きついかなと思う」と答えていた。

■さわやかチームのポスターを作った
　他の当事者や職員にさわやかチームを覚えてもらうためにポスターを作って貼ることになった。ポスターにはさわやかチームの目的と、それぞれに好きなイラストやフレーズを考えて書いた。

■心配・忙しい・難しかった
　初めてのチーフ体験を終えて、前月のチーフインタビューのときの「難し

そう」という意見から実際に体験してみて「難しかった」という意見に変わった。難しい仕事を自分たちがしていくことに不安な気持ちも大きくなっていた。チーフにつくことで上に立つ仕事の大変さも感じたようだ。

写真5. 会議風景

写真6. ポスター作成

10月 —— チーフ体験（2回目）

- ■ チーフ体験（2回目）
- ■ さわやかチームの支援者が替わった
- ■ さわやかチームのリーダーを決めた

メンバーの感想

＜チーフ体験＞
○難しかった
・難しかった。
・1回目より2回目のほうがすごく難しいなーと思った。
・辛かった。居づらかった。難しかった。向いてないなーと思った。（チーフ・トップではなく）2番目か3番目がいい。
○疲れた
・（2回目で）疲れがでてきた。
○わかってきた
・採用面接をした。それはできると思った。
・難しいところもあったけどわかるところもあった。
・1回目に比べてちょっとよかった。わかるところとわからないところがあった。
・2回目はちょっとくらいわかった。半分は難しいかなと思った。
・とても忙しかった。2回目からはわかりやすくなってきた。半分はわかった。
・ちょっとだけ慣れてきた。こんな仕事だとわかってきた。
・ちょっとずつ慣れていかないといけないと思った。正直自信がない。グ

> ループホームの仕事は大変だったが、こういう仕事はできるかなーとも思った。
> ・あんまりしんどくならなかった。だいたいイメージできた。忙しいと思った。
> ＜支援者について＞
> ・支援者がころころ替わるのは本当は嫌だった。寂しかった。

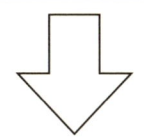

⬇

難しい・わかってきた

■**チーフ体験（2回目）**

　アドバイザーから、1回目とは別のチーフについて、もう一度体験してみようと提案があった。1回目のチーフ体験が終わってホッとしているところに2回目の提案があったので、メンバーから「やりたくない」という意見がでた。さわやかチームの目的を確認するのと、1日の流れを打ち合わせてから、終了後チーフと1日の振り返りをすることを提案し、2回目のチーフ体験をすることになった。

■**支援者が替わった**

　日を追うにつれ、さわやかチームの活動が増えた。支援者の一人が、日中活動の仕事とさわやかチームの仕事を両立させるのが難しくなり、さわやかチームの支援者を西野に引き継ぐことになった。林と相談した後でメンバーの承認を得た。メンバーは驚きはしたものの、すんなりと受け入れた。

　その後アドバイザーへ報告をすると、二つの指摘があった。一つは「当事者が決めるべき。当事者は怒るべきである」ということである。順番が逆であることに当事者は気付き、当事者が怒れるようになることが重要だという

アドバイスを得た。

もう一つは「両方やっていると同じようになる人がでてくる。さわやかチームを大事にする必要がある」ということである。さわやかチームは年度の途中から始まったこともあり、支援者は法人内で仕事をかけ持ちしている。しかしさわやかチームの仕事をするのなら両方は難しいし、さわやかチームの仕事に力を入れるべきだという指摘を受けた。

■給料について

先に書いたように、メンバーも支援者もさわやかチームはかけ持ちである。当事者にはさわやかチームから給料が支払われているが支援者はそうではない。支援者はさわやかチームで雇っているので、帰属意識をもつ意味でも給料はさわやかチームから渡すべきだとアドバイスを受けた。以後、職員はさわやかチームのリーダーから給料をもらうようになった。

写真7. 当事者から給料を渡す

■さわやかチームのリーダーを決めた

支援者の給料をさわやかチームから渡すのは代表の仕事である。さわやかチームではまだ代表が決まっていなかったので、決めることになった。

9月に勉強した「リーダーとは」の項目にメンバーを当てはめて○が多い人がリーダーになることにした。1回目で宮田と梅原が同じポイントだったので、二人のどちらがリーダーになるか、もう一度考えた。結果は以下のとおりである。

リーダーとは
① 信頼できる人です（嘘をつかない人で、あの人ならしっかりやってくれると思われている人です）。
② ひかえめな人です。
③ メンバーにほこりをもてる人です……大事に思っているか？

④上手なまとめ役です。
⑤いやなことに立ち向かっていく人です。
⑥今起こっている問題に、逃げずに取り組もうとする人です。
⑦メンバーの言っていることにしっかり耳を傾けられる人です。

結果

	①	②	③	④	⑤	⑥	⑦	合計
A	○	?	○	○	△	○	○	5.5
B	○	?	○	○	?	○	○	5
C	?	?	○	?	?	?	○	2
D	?	○	○	○	?	?	○	4
E	○	?	○	○	?	○	○	5
梅原	○	○	○	○	○	○	○	7
宮田	○	○	○	○	○	○	○	7

最終決定↓

	①	②	③	④	⑤	⑥	⑦	合計
梅原	○	○	○	○	○	○	○	7
宮田	△	○	○	○	△	○	○	5

■難しい・わかってきた

　チーフ体験は1回目と2回目で当事者の感想に大きく違いがでた。1回目は「難しい」「しんどい」という感想が主だったが、2回目になるとメンバーに少し余裕がでてきた。「難しい」の他に「わかってきた」「慣れてきた」という感想が多くでてきた。中には自分のできそうな仕事を見つけたメンバーもいた。

11月 — チーフ体験（3回目）

- チーフ体験（3回目）
- わかりやすいパンジーについて考える
- 活動日が週3回になった（月・水・木）
- さわやかチームの目的の再確認
- 1週間の報告書作りを始めた

メンバーの感想

＜週3日にすることについて＞
- パンジーを変えようと思っている。今は、職員の力が大きくて当事者の力が小さい。それを変えたい。時間がかかるけどがんばろうと思った。
- 週3日でやっていこうと思った。がんばった。
- 週3日は嫌。パンの作業とか実習とかそれぞれの仕事もあるし。
- 梅原さんが辞めたいと言った。

＜チーフ体験＞
- わかることもあったけど難しい。
- チーフの仕事は難しい。
- 前よりしんどくなかった。
- 少しだけわかった。
- （チーフに）あまりつけなかった（日数が少なかった）のでよくわからなかった。
- チーフの仕事は大変だと思った。3回目でちょっと疲れがでてきた。
- 林さん（理事長）が一番忙しいと思った。
- 少し慣れた。わからないこともあった。

> ・だいぶ慣れてきた。そんなにしんどくならなかった。

⬇

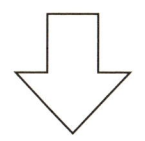

> 慣れてきた
> ↓
> 疲れた・がんばろう（パワーアップ）

■チーフ体験（3回目）

　2回目のチーフ体験では1回目よりもメンバーに余裕がでてきた。そこでアドバイザーより3回目のチーフ体験の提案があった。すぐに「やる！」と言ったメンバーは5人、あとの2人は「もういい」ということだった。

　それぞれにつきたいチーフを決めるのだが、事務のチーフから断られた。仕事が難しくて伝えにくく、当事者の印象に残りにくいことや、当事者が一日座って見ているだけになってしまうことが理由だった。また、さわやかチームのメンバーがつくことはチーフにとっても大変なことなのに、相談もなくさわやかチームで勝手に決めて「つきます」とだけ連絡が入ることはおかしいという指摘があった。

　ただ「学びたい」「やってみたい」だけではなく、仕事をする上で関係者への配慮が必要であることを当事者・支援者ともに実感したできごとだった。

■チーフ体験　総括

経過

7月	アドバイザーから、チーフに話を聞く提案がある。
7月〜8月	7人のチーフに話を聞く（チーフインタビュー）。
8月31日	アドバイザーから、実際にチーフについて仕事を見せてもらう提案がある（チーフ体験）。
9月11日〜21日にかけて4日間	チーフ体験1回目。
9月22日	アドバイザーから、別のチーフにつく提案がある。
10月9日〜12日	チーフ体験2回目。
10月25日	アドバイザーから、再度チーフにつくこと・わかりやすいパンジーについて考えるという提案がある。
11月13日〜16日	チーフ体験3回目。
11月22日	パンジーの組織を「仕事」「生活」「遊び」に分けて考える。

1回目（9月11日〜）		2回目（10月9日〜）		3回目（11月13日〜）	
さわやか	チーフ	さわやか	チーフ	さわやか	チーフ
梅原	吉竹	梅原	吉竹	梅原	金森
生田	吉田	生田	金森	生田	大北
宮田	大北・金森	宮田	吉田	宮田	吉竹
中山	見舘	中山	林	中山	—
山田	林	山田	大北	山田	滝川
中多	滝川	中多	見舘	中多	見舘
西村	林	西村	滝川	西村	—

※3回目は中山・西村はわかりやすいパンジーにするためにはどうしたらいいのか考えた。

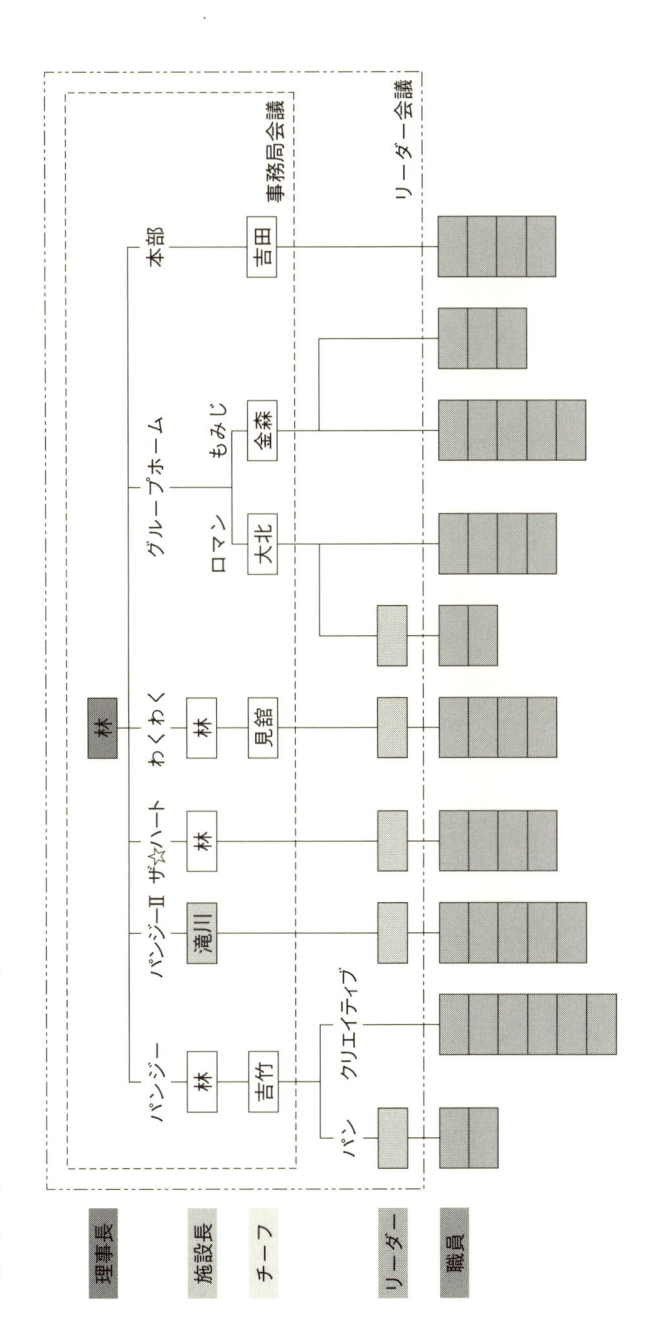

創田苑職員組織図（2007年度）

理事長	林
施設長	林
チーフ	滝川／吉竹
リーダー	吉田／金森／大北／見詰
職員	

本部 — 吉田 — 事務局会議 — リーダー会議

グループホーム
- もみじ：金森
- ロマン：大北

わくわく：林／見詰

パンジーⅡ ザ☆ハート：林

パンジー：林／吉竹
- クリエイティブ
- パン

第4章　当事者が組織を変え、組織運営の主役になるための試み　139

■チーフ体験を終えて

　3回のチーフ体験を振り返って感想を出し合い、チーフの仕事を「日中」「グループホーム」「わくわく」「事務」に分けてそれぞれをどんな印象かキーワードにしてまとめた。以下の表である。

	キーワード	メンバーの感想
理事長	みんなしっかりしてください。	・林さんは「わくわく」の事務所に行って、いろいろやっていた。林さんは、あちこち行く。僕にできるんかなと思った。 ・外の会議に出たときは大変やな。いろんな会議で忙しい。 ・林さんはパソコンさわったり、電話したり、パンジーやパンジーⅡの職員からも電話がかかってくる。お客さんも来る。 ・「秘密」と言って仕事をしていた。それは、職員が迷ったときや落ち込んでるときとかに相談に来るから。 ・みんながしっかりしたら、林さんは軽くなんねん。
日中	いっぱいいっぱい	・「クリエイティブ」の部屋にいたり、事務の所で、仕事をしてるんだなっていうのはしっかり見てた。部門会議にでたりして。あとは、いろんなことがあった。 ・吉竹さんはパンジーの全体のチーフ。そんで、職員とメンバーのことを考えていました。水曜日になったら、部門会議をしました。昼からは、事務の仕事をしました。事務仕事をやって、僕は、こんな仕事をやってんのかなと思った。 ・滝川さん、市役所行ったりどこそこ行ったり、泊まりに行ってんねん。飛び跳ねてんねん。落ち着いてゆっくり仕事できない。だから滝川さんはこれからは落ち着いてゆっくりしゃべってほしいなと思う。 ・遅くまで仕事をしているし、ミーティングに入って遅くまで話を聴く。できるんかなと思った。他の仕事もしてるし、グ

日中	いっぱいいっぱい	ループホームもしている。例えば、業者と話をしたりとか。滝川さんは遅くまで仕事しているから、お金のこともしてる。いろんなことしているから、いっぱいいっぱいや。
グループホーム	ヘルプミー（たすけて～！）	・大北さんについたけど、大北さんはおるときとおらんときがある。わかりやすく言えば、会議に出て行くとき。朝、大北さんが来て、日誌を見て報告を受けたりしている。これも大事やな。見て、書いて。ミーティングやってるな。一日のみんなの報告、メンバーの様子、やってんのかなーと思った。 ・介護者が集まって当事者の話をやってた。介護者が新しい人ばっかりだったら、まだわかってないから、古い職員が教えていた。 ・「たすけて～」と思ってるのとちがう？　グループホームは人不足だから助けてもらいたいはずや。大北さんや金森さんは、人を増やせなかったら自分で動かなしゃーない。ガタガタになるで。
わくわく	苦い・頼りになる	・地域移行で入所施設から出す仕事。それで、今２人が花園グループホームにおる。通って来ている。 ・いろいろ忙しかった。電話とか。地域移行の電話をしていた。 ・見舘さんは「わくわく」やっていた。これやってあれやって、いっぱいやっている。仕事を分担してばらばらにやってるやろ。それを見舘さんがみてる。指示して、ハンコ押したりやってた。 ・見舘さんの仕事は、頼りになる仕事や。でも、難しい部分もあるから苦い。
事務	かたい	・吉田さんずっとパソコンしてて、シュレッダーかけたり、いろいろして、朝やったらゴミ捨てたり、電話かかってきたりしてた。後はいろんな仕事をしていました。 ・吉田さんずっとパソコンしてて、シュレッダーかけたり、いろいろして、朝やったらゴミ捨てたり、電話かかってきたり

事務	かたい	してた。後はいろんな仕事をしていました。 ・ちょっとわからんところもあるということ。大変やな、パンジーも。見学したり、あるやんか、見学にきて、吉田さんが説明してた。 ・感想は、ちょっとわけわからん。むずかしかったで。 ・お給料とか、みんなからお金集めたり、やってたやろ。会計とか、利用料とか、吉田さんがやってるやろ。 ・事務の仕事は、かたい。でもかたくないとダメ。

■**分かりやすいパンジーについて考える。**

　チーフにつかない2人は新しい組織のあり方を考えることになった。パンジーの組織（組織図参照）を見ると、仕事が多く、複雑で当事者にとってわかりにくい。当事者が上に立つためには、パンジーの仕事をわかりやすくする必要がある。そこで当事者がわかりやすい組織はどのようであるかを考えた。

　組織図を見ながら話し合うと、2人は「何がわからないのかよくわからない」と言う。アドバイザーに、パンジーを「仕事」「生活」「遊び」の三つに大きく分けて考えるようアドバイスをもらい、それぞれに担当を決めて何を勉強するかを考えることになった。

■**活動日が週3日になった（月・水・木）**

　さわやかチームは委嘱料をもらっている仕事であることと、活動が週1日では足りないので、週3日に増やすことになった。すると、一部のメンバーからもともと所属している場所を離れたくないと反対の声があがった。しかしさわやかチームの仕事ができるのはこの7人であることを確認し、11月から週3日活動することになった。

　これからやらなければならないことを考えて曜日で割り振っていった。勉強の時間や、「1週間の活動報告」の時間をつくることになった。1週間のスケジュールが充実し、わかりやすくなった。

11月の週間予定

	月	水	木
午前	勉強会（さわやかチームの目的の再確認）	話し合い	パンジーの当事者のことを考える。
午後	前週の報告書作成	話し合い	―

■さわやかチームの目的を再確認する

　勉強の時間に、さわやかチームの目的を再確認した。メンバーはさわやかチームの活動に見通しがもてずモチベーションを上げにくくなっているように感じていたことから、もう一度目的の意味を考えて理解する必要性があるのではないかと思ったからである。

■1週間の報告書作りを始めた

　さわやかチームの活動は、パンジーの中の一つの事業なので、記録を残し報告をする必要がある。しかし報告書の作成はこれまで必要性を感じながらもやっていなかったので、曜日を決めて週に1回必ず作成することにした。

■慣れてきた→疲れた・がんばろう（パワーアップ）

　ここまでアドバイザーからの課題を必死でこなしてきてメンバーは確実に強くなった。3回目のチーフ体験を終え、疲れを感じているメンバーもいた。しかし、慣れてきたことやわかることが増えてきたことが、メンバーにとって自信につながり始めていた。

12月 バンジーを仕事・生活・遊びに分けて考える！

- バンジーを仕事・生活・遊びに分けて考える
- ワークをした
- 事務所について考えた
- 梅原がさわやかチームを辞めたいと言い始めた

さわやか	仕事	生活	遊び
・ワーク ・事務所について	・作業所チェックリストを作る ・支援者の評価表を考える	・グループホーム学会入居者委員会（以下、入居者委員会）を受け入れる準備	・遊びの計画

メンバーの感想

＜事務所について＞
- 事務所は持ちたくない。何かが違うなと思った。
- あったらいいと思ったけど、みんながいらんって言ったからそうかなと思った。

＜仕事・生活・遊びに分かれて＞
- 分かれてやっていけるのかなと不安があった。
- 分けたことでやっとわかってきた。その前はしんどい、しんどいと思ってたけど、分けてから少しずつわかってきた。
- いろいろなことがあって一生懸命やっていた。12月は忙しかった。
- 仕事の項目は、わかりやすくなってきた。

＜ワーク＞
- ワークをしたら頭がすっとしてきた。

- 会議は、頭を使うので体を動かしたらスッキリする。
- 自分の気持ちを言えるようになった。

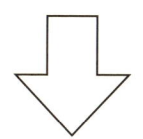

⇩

いろいろなことをした・忙しい

■パンジーを仕事・生活・遊びに分けて考える

制度上のパンジーは次のとおりである。

パンジー	日中活動（生活介護・就労継続支援B型）
パンジーⅡ	日中活動（生活介護）
はっしんきち　ザ☆ハート	日中活動（生活介護・就労移行支援）
わくわく	移動支援事業、居宅介護等事業、相談支援事業、地域移行支援センター
グループホーム	共同生活介護、共同生活援助

新しい組織では制度上のパンジーを「仕事」「生活」「遊び」に分けて考える。

仕事	生活	遊び
パンジー パンジーⅡ ザ☆ハート	グループホーム ケアホーム （以下、自立ホームと呼ぶ）	わくわく

新しい組織の各部門を動かすためには何を勉強する必要があるか考えた。次のとおりである。

| 仕事 | メンバーが「どんな日中活動の場がよいか」を見極める視点を高めるために、大阪府内の日中活動の場の見学をすることにした。 |

| 仕事
日中活動
（パンジー、
パンジーⅡ、
ザ☆ハート） | 基本的な視点を決めることと、より客観的な視点で評価できるようにチェックリストを作った。インタビューの質問リストを作り、当事者だけでやりとりができるようにした。
またパンジーの人事考課表（支援者同士の評価をするもの、パンジーでは半年に1回実施し、職員としての質を客観的に評価している）を参考に支援者のチェックリストの作成に取りかかった。 |

| 生活
自立ホーム
（12ヵ所） | グループホーム学会入居者委員会の受け入れ準備をした。1月12日、13日の入居者委員会の実行委員をし、会議に参加を予定。この会議はグループホームに住んでいる当事者同士が意見交換をして、よりよいグループホームのあり方について考える会議である。 |

| 遊び
わくわく | 自立生活支援センター「わくわく」から派遣されるガイドヘルパーを利用して、いろんなところに出かけている。これまでは行き先や行き方など職員やヘルパーに頼ることが多かったが、自分たちですべての計画を立ててみることにした。そして計画を立てることに慣れてきたら、他の当事者も誘おうと話し合った。 |

それに加え、さわやかチームの運営や活動を全体的に考えていくことを目的に、仕事・生活・遊び以外に以下の項目を作った。

■ワーク
　理事長の林は不思議なワークで当事者や職員を元気にする。さわやかチームのメンバーは自分の気持ちを言葉にすることが苦手で自信がない。そこで、林とワークをすることになった。
　体をほぐしたり、気持ちを表現した絵に色を塗ったり、やりたいことの絵や写真を切り抜いて自分の写真の周りに貼ったり……と楽しい時間を過ごしている。

■事務所について
　アドバイザーから事務所を持つという提案があった。週3日活動をするなら常に使用できる部屋が必要なことや、メンバーの帰属意識を高めることが目的である。しかし一部の当事者が猛反対した。事務所を持つことで現在所属している場所から完全に離れてしまうことや、他の当事者がどう思うかと心配になったようだ。
　話はまとまらず、事務所の話は据え置きになった。

■さわやかチームを辞めたい
　梅原が「事務所を持ちたくない」という話から「さわやかチームを辞めたい」と言い始めた。これまでもずっとさわやかチームの活動に納得できなかったようで、苛立った様子を見せるときがあった。これをきっかけに話し合いをして気持ちを聴いた。話し合いでは、今働いているパン屋から離れたくない、支援者からいろいろなアドバイスや指摘をされることへの戸惑いがあることが、辞めたい理由であるとわかった。
　話し合いをしたことで、もう一度さわやかチームの活動をがんばっていこうと思えたようだ。その後は、積極的に活動している。

■いろんなことをした・忙しい
　3回のチーフ体験を終え、パンジーの組織を大きく三つに分けることになった。それにより活動のしかたが大きく変わった。三つに分けたことで活動内容が具体的になり、1週間のスケジュールをたてた。そのことで、これま

でに比べ、さわやかチームの活動が忙しくなったが、見通しをもって活動できるようになった。

写真8. 会議風景その2

写真9. 会議風景その3

1月 —（作業所チェック表）

さわやか	仕事	生活	遊び
・スウェーデンに行くことを決める ・お金（予算）を考える ・3月に合宿に行くのを決める	・作業所見学に行く ・支援者の評価表について考える	・入居者委員会の受け入れ	

メンバーの感想

＜作業所見学＞
・準備をやっていて、1回目やから、わからないことが多かった。
・初めてやったから、いっぱい失敗したなと思った。緊張した。
・うまく（相手の当事者の）話が聴けなかった。
・さわやかのメンバーがバタバタしていたように感じる。
・チェック項目で見れていないことがたくさんあった。
・もう少し当事者の話を聴きたかった。

＜入居者委員会の受け入れ＞
・たくさんの当事者と出会えて、いろんな話ができてよかった。
・最初はわからなかったけど、だんだんわかってきた。
・おもしろかった。

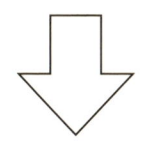

⬇

充実＋苦しみ

| さわやか | ・スウェーデンに行くことを決める
パンジーでは2001年にスウェーデンに行ってグルンデン協会のことを学んできた。2008年4月から1年間アドバイザーがスウェーデンに行くので、グルンデン協会についてもう一度学びたいと考え、勉強に行くことにした。
・お金（予算）を考える
2月〜来年度3月までの事業計画と予算を考えた。残っているお金では足りないことがわかり助成金をもらうことも考えた。
・3月に合宿に行くことを決める
1年間の総まとめとして、3月に合宿に行く。 |
|---|---|
| 仕事 | ・作業所見学（1回目）
1回目の作業所見学に行った。あいさつや質問の練習をして行ったのだが、初めてなのでメンバーは緊張していた。さらにリーダーよりも先にあいさつをしたメンバーがいて、打ち合わせどおりには進まなかった。メンバーはそのことでさらに緊張してしまった。とにかく見学をこなすことで精いっぱいで、チェックポイントを見てくることができず、反省点が多かった。しかしメンバーは「次回はこうしよう」と話し合い、頼もしい様子だった。
・支援者の評価表について
12月に作った支援者の評価表を、再度職員の人事考課表を参考にしながら、見直した。各項目ごとにどんな人がよい支援者なのかを具体的に考えて、メンバーがチェックしやすいようにした。 |

| 生活 |

・グループホーム入居者委員会 in 大阪
　1月12日にグループホームの見学、夜は交流会。13日は、鶴橋で入居者委員会のメンバーと大阪の当事者で話し合いをした。他県のグループホーム、ケアホームに住む当事者と意見交換をし、グループホームのあり方について考えるきっかけになった。

| 遊び |

　1月は、他の項目が忙しく、遊びについて話し合いがもてなかった。

■充実＋苦しみ
　作業所の見学に行ったり、グループホーム入居者委員会の準備をしたりとバタバタと1カ月が過ぎた。活動を一新して仕事量の多さに苦しみながらも、以前と比べてメンバーが活動の主体となれるようになり、充実感を感じることができていた。

2月 グループホームチェック表

さわやか	仕事	生活	遊び
・ファイルの整理 ・来年度の事業計画作成 ・マニュアルの整理	・作業所見学 ・支援者の評価表の笑顔と会話の項目について話し合う ・各場からの報告	・入居者委員会の全国交流会（横浜）に参加する ・グループホームチェック表を作る	・遊びの計画（京都太秦映画村）を考えた

メンバーの感想

＜来年度の活動について＞
・来年は週4日に活動日を増やすことにした。がんばろうと思った。週4日になるならやっぱり事務所がほしいと思った。
・週4日に増えるから、事務所をもつことにした。
・（活動日を）1日増やしたほうが、ゆっくりやっていけると思う。
・ゆっくりやって、わかっていけると思う。

＜入居者委員会＞
・横浜に行っていろいろな当事者と話せてよかった。楽しかった。

＜作業所見学＞
・ちょっとだけ（見学は）うまくいったと思った。
・もうちょっと（見学の）練習が必要だと思った。
・しっかり見れた。職員がかたい感じがした。
・職員が名札をつけていた。変だなと思った。
・ジャージは施設みたいで嫌だなと思った。
・まだ聴けてないこともたくさんあった。

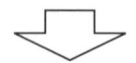

⇩

解放　先が見えてきた

| さわやか | ・ファイルの整理
　これまでの話し合いで使用した資料がたまってきたが、見直せなかったので整理した。
　決まったことをはさむマニュアルファイルと、日々の中で使用した資料をはさむファイルの2冊に分け、マニュアルファイルは「さわやか（紫）」・「仕事（青）」・「生活（黄色）」・「遊び（赤）」とインデックスで色分けして整理した。
・マニュアルの整理
　12月頃から継続的にする活動が決まってきた。どんな活動をするのか、どんな目的でするのか、どのような手順でするのかを一覧にしたマニュアルを作り、それを見ればメンバーが何のためにどのように活動に取り組めばいいのかわかるようにした。
・来年度の事業計画を考えた
　来年度の活動計画を、月ごとに「さわやか」「仕事」「生活」「遊び」に分けて考えた。 |

| 仕事 | ・作業所見学（2回目）
　2回目の作業所見学に行った。前回はチェックポイントをすべて見ることができなかったので、見るポイントをメンバーで分担した。また、あいさつからの流れを練習して行った。今回は見学のみだったが、メンバーは「まあまあうまくいった。それなりに見ることができた」と前回の反省を生かすことができたようだった。
　今回の反省点を挙げ「次回はこうしよう」というやりとりがメンバー間で行われていた。
・支援者の評価表について |

仕事	12月に作った職員の人事考課表の「笑顔」「会話」について、どんな職員がいいかを話し合って項目の内容を確認した。項目を見直してわかりやすい基準を考えた。
生活	・グループホーム入居者委員会 in 横浜 　2月2日、3日に横浜で行われたグループホーム入居者委員会の最終報告の会議に参加し、他県でグループホームに住む当事者と意見交換をした。 　そのときに聞いた情報と、自分たちの思いを出し合って、当事者がいきいきと暮らせるグループホームについて考えた。そして、グループホームのチェックリストの作成に取りかかった。
遊び	京都の太秦(うずまさ)映画村に行くため、交通手段や必要なお金を調べ計画を立てた。

■解放・先が見えてきた

　メンバーは活動がわかりやすくなったことで自信がついてきたのか、施設の運営に関わっていくことに対して前向きになった。メンバーのさわやかチームへの帰属意識が高まり始めた。

　メンバーにとってさわやかチームの活動が、自分たちで考えやすいものになってきたのだろう。そのことで短期的な目標を立てられるようになり、これまであった先の見えない不安から解放されたのだと思う。

　来年度は活動を週3日から週4日に増やすことに決めた。さわやかチームの活動内容が増えてきて、メンバーのペースで仕事をするには、週3日では足りないと中山が言い始めた。中山は「腹をくくるんや！」と他のメンバーに言い、他のメンバーも「やろう」という気持ちへと変化していった。

3月 合宿 → 事業計画　1年間の振り返り

さわやか	仕事	生活	遊び
・合宿の準備 ・事業計画の見直し・完成 ・1年間の振り返り	・作業所見学 ・各場からの報告	・グループホームチェック表の見直し・完成	

メンバーの感想

〈作業所見学〉
・3回目なので、いろいろ見れて良かった。
・事務所に行くまで、当事者に会えなかった。（当事者の働く所だから、まず職員でなく当事者に会えたほうがいい）
・（建物が）広くて、きれいでよかった。
・パンジーよりたくさん給料をもらっていてうらやましいと思った。
・当事者が楽しそうに（作業を）やっていた。

〈西村さんが辞めることについて〉
・辞めるのは、もったいないと思った。
・1年間がんばってきたのは、なんやったんやろ。
・6人でがんばっていこう。

〈その他〉
・合宿の準備が忙しかった。
・事務所をもつのは、夢だったのでうれしい。
・来年も頑張ろう。

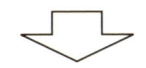

⇩

青春の光と影

| さわやか |

・事業計画の見直し・完成
　次年度に向けての活動計画を月ごとに「さわやか」「仕事」「生活」「遊び」に分けて一覧表を作った。
・1年間の振り返り
　合宿で1年間の活動を振り返った。1年間の活動を思い出せるように特大ポストイットに出来事とメンバーの感想を書いて壁に貼りだした。

| 仕事 |

・作業所見学（3回目）
　3回目の作業所見学に行った。今回は見学と当事者からの聞き取りの両方ができた。これまでの反省を活かして練習していったので、スムーズだった。チェック項目は細かく見ることができ、当事者同士での話は「質問項目を全部聴けた」とうれしそうだった。また相手方の当事者も丁寧に話してくれた、当事者同士の話はよかったという意見がでた。
　今回は全体的にうまくいったのでメンバーの満足感が大きく、自信につながった。
・各場からの報告
　引き続き各場から1週間の報告を受け、その内容について考えた。

| 生活 |

・グループホームチェックリストの見直し・完成
　先月作ったチェックリストを「当事者のペースで生活が送れているのか」をポイントに見直した。

| 遊び |

　3月は、他の項目が忙しく遊びについて話し合いがもてなかった。

■西村がさわやかチームを辞める

　西村が「さわやか」を辞めたいと急に言い出した。辞めたい理由は「体がしんどい。もう疲れた」と言うが、はっきりとした理由はよくわからなかった。突然のことで他のメンバーも驚いていた。他のメンバーが「もう1年一緒にやろう。がんばろう」と説得したが、西村の意志は固かった。

　その後残ったメンバーで話し合いをもち、西村の意思を尊重してさわやかチームは6人で続けていくこととなった。1人のメンバーが辞めることで、他のメンバーはやりきれない様子だった。

■青春の光と影

　これまでずっと一緒にやってきた西村が辞めたことは、さわやかチームにとって悪いできごとだった。はっきりとした理由がわからないまま、あまりにもあっさりと辞めてしまった。これまで一緒にがんばってきたので、メンバーはやりきれない気持ちになった。

　一方でさわやかチームの活動がだんだんとうまく回り始めたことで、新しい年度に向けてメンバーは前向きでやる気に満ちてきた。光と影のコントラストが強い1カ月だった。

写真10. 会議風景その4

2008年度年間事業計画

	さわやか	しごと	せいかつ	あそび	パンジー
4月	コンサルティング・ワーク	作業所見学（1回）支援者の評価表	グループホーム見学（1回）	外出の計画・実行	
5月	コンサルティング・ワーク	作業所見学（1回）支援者の評価表	グループホーム見学（1回）	外出の計画・実行	パンジーまつり
6月	コンサルティング・ワーク	作業所見学（1回）支援者の評価表	グループホーム学会全国会議	見学	PF全国大会（5月31日～6月1日）
7月	パンジーの評価・コンサルティング・ワーク	パンジーの支援者評価・作業所の評価	パンジーのグループホームの評価	パンジーの外出活動の評価	
8月	パンジーの評価・コンサルティング・ワーク	パンジーの支援者評価・作業所の評価	パンジーのグループホームの評価	パンジーの外出活動の評価	
9月	スウェーデン研修	スウェーデン準備	スウェーデン準備	スウェーデン準備	
10月	*10月からは、スウェーデンから戻ってきて、考える	いきいきするパンジーを考える	いきいきするパンジーを考える	いきいきするパンジーを考える	パンジー旅行
11月					
12月					
1月	報告書づくり準備				
2月	報告書づくり準備				
3月	報告書づくり（完成）				

（さわやかチーム：梅原義教、中山千秋、生田進、宮田隆志、中多百合子、山田浩）

（支援者：西野貴善、下川美希）

第2節　座談会：2007年6月から2008年3月までを振り返って

さわやかチームメンバー：
梅原義教、中山千秋、生田進、宮田隆志、中多百合子、山田浩
さわやかチーム支援者：西野貴善、下川美希
林淑美・滝川峰子
河東田博
陪席者：遠藤美貴

1　6月：さわやかチームをつくろう！
――当事者と支援者の立場はひっくり返ったか？

河東田：生田さん、梅原さんはパンジーを変えるために「かえる会」をつくった。パンジーでは当事者と支援者の立場はひっくり返った？

梅原：まだ、なってない。

河東田：なってないよね。スウェーデンのグルンデンでは、当事者と支援者の立場がひっくり返った。それをスウェーデンに広げている。新しい組織をつくるなら、当事者が中心となれるような組織をつくらないといけないと思っている。

一同：……。

河東田：時間がかかると思うけど、梅原さんが林さんの仕事を取っちゃう。生田さんがパンジーの施設長になっちゃう。

梅原：林さんの仕事を（僕は）したいのかな？　林さんのほうが楽しそうやけど、しんどそうの半分半分。したいけど、したくない。

生田：パンジーの中でやればいいってことやな。初めは小さく。

滝川：例えば、パンジーの理事長を生田さんがして、それを他の作業所に教えていく。

河東田：それを全国に広めていくほうが、全国のみんなが幸せになっていく。
山田：パンジーの当事者と支援者をひっくり返して、他の作業所に「どうですか？」って言っていく。
梅原：おもしろいな。
河東田：それが新しいピープル・ファースト運動につながっていく。まず、パンジーがそうしないとみんなに伝えられない。決まったら、2年間くらい毎月パンジーに来ます。敵は近く（林理事長）にいた。
梅原：できんことない。できるよ、多分。

2　7月：さわやかチーム初合宿。宿題は「パンジーのここがおかしい！」

- 困っていることがあったけど、職員に怒られると思って言ってない。
- 車を大切に乗ってほしい。事故をなくしてほしい。
- パンジーの当事者の力をもっとつけてほしい。
- 職員にもっと言える当事者がほしい。
- 当事者が指示して、職員が動く、こうなったらいいと思う。
- 職員にもっと話を聴いてほしい。
- 悪いところは、いざというときに職員と連絡がとれないところ。
- 職員はもうちょっと一人ひとりの当事者のことを考えてほしい。
- 職員を増やしてほしいな。いい人を！
- 心の優しい職員がほしい。

3　7月（合宿）：実際に変えていくために必要なこと。

河東田：宿題で出た意見「いざというとき、職員と連絡がとれない。職員は当事者をほったらかし。心の優しい職員がほしい」この意見をどう思いますか？
一同：そう思う。

中山：新しい職員を雇うときに、心の優しい職員が欲しい。
河東田：今、職員を雇うときに、面接している？
生田：面接で履歴書見てやってる。
梅原：僕と生田さんがやってる。
林：法人の役員やから。
梅原：僕と生田さんと林さんと滝川さん。
河東田：中山さん、この２人が面接してるんだって。
中山：もうちょっと面接をする当事者を増やしたほうがいい。
梅原：今、理事をしているのが２人やから、もっと理事になったらいい。
河東田：面接をする当事者を増やすと心の優しい人が増えるかな？
中山：そうかな？
河東田：もっともっとパンジーの変えたいところがあるんだよね？　そのためには大きく二つのことが必要。特別チーム「さわやか」をうまく進めるためにどうしたらよいかを考えよう。

■チームを強くするための勉強会をする
河東田：林さん。次の中から、理事長として大切なことは何だと思いますか？

・リーダーになる人はどんな人であるかを学ぶ
・会議の進め方を学ぶ
・お金の管理の仕方を学ぶ
・人へのものの伝え方を学ぶ
・人の話がきけるようにするにはどうしたらよいかを学ぶ
・法律や制度について学ぶ
・社会の仕組みについて学ぶ

林：「人へのものの伝え方を学ぶ」。理事長、施設長だったら、自分で全部するのではなく、人に伝えてしてもらうから、人への伝え方は大切です。「お

金の管理の仕方を学ぶ」。専門家にしてもらっても、お金がちゃんと回っているかを自分が知っていることが大切。後は、「リーダーになる人はどんな人であるかを学ぶ」です。

河東田：みなさんが苦手なことは？
中多：お金やな。
河東田：人へのものの伝え方はどう？
西村：ちょっと苦手。
中山：苦手。
河東田：リーダーとしての力はあると思う？
西村：まだ、ない。
河東田：今のままやったらできないけど、勉強していったらできる。勉強は嫌い？
生田：金のことは考えなあかん。
河東田：勉強しませんか？
中多：うーん。
中山：……。
山田：ちょっと難しい。どこまでやれるか、不安。
生田：わしが社長やったら、もっと考えるな。当事者の給料のこと。
西村：勉強したい。
梅原：当事者がもっとちゃんと意見を言ったら、パンジーも変わるかなと思う。先に当事者から変えたらできるかなと思う。
河東田：今までピープル・ファーストを考えたり、サン・グループの事件などをがんばってきたから、次はパンジーを変えるために勉強していこうじゃない。
梅原：パンジーを変えていくのは、難しい。気持ちがあっちこっちいってるから、まだあかんと思う。まだまだ時間がかかると思う。
河東田：職員にいつも負かされちゃう。でも弁護士や、専門家の人たちに少

しずつ教えてもらったら、わかるようになると思う。周りの当事者も巻き込んでいって。

梅原：僕も、最初はびっくりしたけどな。僕も職員やったらいいなと思ったりもするけど、なかなか時間がかかると思ってる。

河東田：あまり心配しないでほしい。お金のことだったら専門家に任せればいい。

　スウェーデンのグルンデンの人たちは誰から教えてもらってると思う？そういうことを専門に教えている「コンサルタント」という人に教えてもらってる。

■今のパンジーがどうなっているか調べる

★仲間へのインタビュー 　仕事のこと・給料のこと・グループホームのこと・親とのこと・きょうだいのこと・友だちのこと・遊びや旅行のこと・社会のこと・性のこと・結婚のこと
★職員へのインタビュー 　仕事のこと・当事者のこと・給料のこと・その他
★理事へのインタビュー 　パンジーのこと・理事会のこと・当事者が理事になること・当事者が施設長になること
★その他 　親へのインタビュー・行政職員へのインタビューをするかどうか

河東田：みんなが職員に対して思っていることを、他の当事者も感じているのかを調べよう。それから当事者が理事になることについて職員がどう思っているか。「なりたい、なりたい」と思っても、みんなは信用してくれない。いろんなことを知らないといけないから、調べないといけない。

西村：調べるんでしょ？　どうしたいか？　どうなりたいか？　と。それで答え出すんでしょ？　いいと思う。
山田：調べるんやったら、徹底的に調べたらいい。
宮田：悪いところとか、言ったほうがいい。
河東田：いろんな人から話を聴いていこうっていうのどうだろう？
中多：……。
生田：頭が痛くなってきた。
中山：やったほうがいい。
河東田：梅原さん、どう思っている？
梅原：難しいんちゃうかな、今は。
河東田：どうして？
梅原：僕もわからんけど、なんとなく。
河東田：みんなだけでやるのはすごく難しい。ここに何人かいるじゃない。西野さんに下川さんに、遠藤さんも。パンジーを変えていくためには、このようにいろんなことをやらなくてはいけない。
西村：これをやらないとパンジーは変わらない。

4　7月〜8月：合宿が終わって

　毎週集まって、さわやかチームの会議をしました。そして各々が、理事長やチーフについて、どんな仕事をしているか、勉強をしました。
　動きだしたさわやかチーム。どんな気持ちでいるのか、どんなことを考えているかについて、話し合いました。

■さわやかチームは何のためにつくったのですか？
西村：パンジーの中身を変えるために。パンジーを当事者の来やすい明るいパンジーにしたいと思う。
梅原：僕は、当事者が考えてほしいなと思ってる。職員は、介護者と思って

いる。当事者ががんばったら、職員がついてくると思う。当事者がわからんかったら職員が考える。そうすれば、パンジーがもっと変わると思う。
生田：おうてる。梅原君が言うてるのは、まず当事者が考えて、職員がついてくるってことやろ？
梅原：今は、職員が言うたら、当事者がついていってる。僕は、当事者が言うたらいいと思ってる。当事者が職員を動かす。
生田：スウェーデンのグルンデンみたいやな。当事者が職員を動かしている。
梅原：まだまだ時間がかかる。
生田：当事者がしっかりしなあかんってことやな。スウェーデンは当事者が職員をクビにしている。似たようなもんやな。
中山：そのとおり。
中多：困ってるときは、助けてもらう。今は、配達に行くメンバーを決めてるのは、職員。晩に考えてる。なんでそんなことになった？　全部当事者で決めたい。職員が勝手に決めたらあかんから。職員会議をしてるときに、決められてる。
梅原：それは違うと思う。
中多：何でちゃうの？　勝手に決められたら困るから！
山田：わかった、わかった。
梅原：僕は誰が配達に行くのか、初めは決めてほしい。当事者はどうやって考えればいいか、いっこもわからんから。メンバーには決まっている人もいる。行く曜日を変えたらあかん人もいてる。でも、時間がたったら、考えてみたいなと思う。

中多百合子

■さわやかチームが始まったとき、どう思いましたか？
生田：頭が痛いことが始まったと思った。1万円もらえるから、しっかりと

やらなあかん。
山田：初めて委嘱状をもらって、1万円をもらうことになった。やっぱりやっていかなあかん。上に立つんだなと思った。
中山：1万円をもらえると聞いたときは、初め疑った。嬉しかったし、がんばらなあかんと思った。
梅原：初め、僕はびっくりした。これはできるのかなと思った。いろいろあるけど、がんばりたいなと思っています。

■職員組織図から——目指すのはどこ？
山田：将来は理事長。
中多：パンジーⅡの施設長。
生田：お金のことをする事務長。
中山：わくわくのチーフ。
宮田：グループホームのチーフ。
梅原：俺、役職のない職員でいい。
一同：えーーー!?。
梅原：チーフに行きたいけど、もうちょっと……。
西村：僕も、理事長かな？

山田浩

■理事長、施設長、チーフにインタビューをして仕事の内容を聴きましたが、どうでしたか？
山田：将来は、理事長の上に上がって、仕事をしたい。
中多：理事長の林さんは忙しいで。いろんな会議に出て。パンジーにもあんまり来れんで、来たと思ったら、次はまた会議に出て行ったりしている。
中山：大変やな。責任重大やなと思った。
梅原：俺は無理。あっちこっちに行ってる。パンジーⅡとか、ハート行ったり、パンジー行ったり、グループホームに行ったり。パンジーの全部がかかって

る。グループホームも関係ある。ハートも関係ある。
山田：……。
生田：パンジー全体は上から動かさないと、下が動かない。林さんが一番、長い。そして、5年、10年の職員が動いている。
梅原：わくわくのチーフは全部任されていて、忙しそうやなと思った。ショートステイも、ガイドヘルパーのことも、なんかあったら、全部チーフやった。大変やなと思った。
西村：お金のことや、いろんなことを聴いた。それぞれ、チーフはみんなをまとめてる。グループホームは、ほとんどが難しそうで、介護者の急なやりくりがしんどそう。
山田：グループホームのことを聴けてよかった。介護者のことがぐるぐる変わるって言うてた。そんな時もあるんかなと。事務の人は、お金のことをしていた。
生田：いろいろ頭に入れないといけないと思った。
中多：グループホームを新しく建てると聞いて、新しいグループホームの職員がすぐ辞めないかと心配した。滝川さんも林さんみたいに、いろいろすることあるから。しんどかったら、休みやって言うてる。事務の人はお金のこと。あえへんかったら、怖いって。間違ってたら自腹切るのか？　と心配。銀行にもよく行っている。
生田：難しそうやな。やめとこうかな。偉くなったら……、だんだん頭が痛くなってきた。
中山：わくわくの話は、すらすらって頭に入ってきた。なんとなくできそうかなって思った。わくわくのことを最後に見て、チェックしてる。

梅原義教

第4章　当事者が組織を変え、組織運営の主役になるための試み　167

■パンジー、パンジーⅡ、ザ・ハートの当事者へ説明会を開きました
生田:「さわやかチームは、1万円もらって、本当にやれんの？」「よっぽどしんどい仕事ですか？」って言われた。「1万円ってワシより多いな」と。「倍がんばらなあかん」と言われた。「やらなあかん」って。「やる」って言うたから。「いいな。わしも入りたい」って言う人もいた。「誰でもなれません。ケツ割ったらあかん」って説明した。
宮田:まずは、わからないときは僕らに聞いてくださいって言うた。「『かえる会』とさわやかチームはどう違うのか」という質問は、「鋭い質問がきたな」と思った。
山田:「なんで1万円もらえるんですか？ なんのためですか？」ってたくさん聞かれた。
中山:「さわやかチームの報告はしてもらえるのですか？」とも言われた。

■これからについて
梅原:僕も初めてのことやから、何をやったらいいのか、わからんから。「かえる会」を始めたときより、今のほうが不安。「かえる会」を始めた6年前より、いっぱい知ってるからなおさら不安が多い。
生田:梅原くんの続き。「かえる会」では、最初は、新しい事務所の場所のこと、ハートをどこにつくろうかと考えて決めた。今のさわやかチームのほうが難しい。さわやかチームのほうが、頭がいる。
山田:さわやかチームはものすごく難しいこともやる。やっていくのに、もうちょっと勉強がしたい。他の職員にも聞きたい。
宮田:最初は、河東田さんも、相当な時間がかかるって。さわやかチームのファイルに資料が増えてきてる。
中多:でも、さわやかチームをやって、だ

生田進

んだん慣れてきた。最初は全然わからんかった。職員に聞いても「そんなん知らん」って言われて一人で悩んでた。今はしっかりわかってきた。
中山：「かえる会」みたいに、会議を何回も重ねていったら、だんだんわかってくるんかな。
梅原：いよいよ始まったという感じ。これから大変やな。

5　3月（合宿）：さわやかチームの振り返り
　　（2008年度のアドバイザーの橋本義郎さん、コンサルタントとして支援予定の黒瀬さん、村上さん、福井さんも参加）

■2007年の7月から3月までいろいろなことをしてきましたよね。それを1カ月ごとに振り返っていきましょう

梅原：7月に合宿に行こうということになって、支援者を決めて合宿に行って、僕が怒って。
山田：何で怒ってたんやっけ？
梅原：覚えてない。
林：みんなほんとにやる気あるの！　って言ったのとちがったっけ？
山田：えらい怒ってたわ。
中山：最初は週1回で全然活動していなかった。何をすればいいのかわからなかった。
林：7月に、さわやかチームが正式に始まり、メンバーは委嘱料をもらいました。目的も決めました。でも、何をしたらいいかわからないから、他の当事者にどんなふうに説明したらいいのか、迷っていました。やる気はあるけれど何をしていいかわからないとき、梅原さんが「やる気あるの」と怒った。みんなの話をまとめると、こうなりますよね。
中多：初めは誰でも難しかった。
梅原：どこから仕事したらいいのかわからんかった。他の当事者に1万円のことを聞かれてどきどきした。

中山：説明したけど、みんなに説明できひんかった。
山田：僕も言われたで。職員に「いいな」と言われた。
林：職員にはどんな質問をされましたか？
中山：「ちゃんと説明してくれなわからん、みんなやる気はあるのか」って。
生田：「もっとわかりやすい話をしてくれ」って言われた。
梅原：わからんかったら、僕に聞いてほしいなと思ってた。
中山：でも自信なかった。
西野：8月にチーフを全員集めて、仕事の内容を聴いたときは、どうでした？
宮田：難しそうな感じはした。
西野：9月は、チーフ体験1回目をしましたが、どうでしたか？
梅原：難しいなと思った。チーフは大変な仕事やねんなと思った。
中山：はっきり言ってしんどかった。自分がチーフになれるか心配になった。
宮田：部門代表者会議に出たり、いろいろ忙しかった。
西野：9月は、心配になった。難しい、忙しかった。そんな感じですかね。
滝川：10月はどんな月だったんでしょう？
梅原：10月は支援者が西野さんと交代して。支援者がころころ替わって嫌だった。でも、支援者が替わったのは、自分で決めたことやからしゃーないと思った。
中山：さみしかった。
生田：チーフに1週間つく、2回目をしました。
梅原：10月はいろいろ仕事が増えてきたなーと思った。
中山：疲れが出てきた。
梅原：1回目はかなりしんどかった。2回目はあんまりしんどくなかった。

中山千秋

西野：10月は難しかったっていうのと、すこしわかったって感じですかね。
生田：11月。チーフにつく3回目をした。3回目と2回目ではどっちがよかったですか。
中多：3回やって、少し慣れた。わからないこともあった。
宮田：1回目2回目に比べたら、だいぶ慣れてきてた。そんなにしんどくならへんかった。
西野：11月は大きいことで言うと活動日が増えたことがあったと思います。
中山：週3日に増えて、それぞれに仕事あったから、嫌だなーって思ってた。それでもなんとかがんばっていこうと思った。
中山：梅原くんが辞めたいて言った。週3日になって。
梅原：初めはパンジーに帰ろうかなと思った。どらえもん会とかをやって当事者の力を伸ばそうと思ったけど、難しかった。林さんと、滝川さんと、西野くんと下川さんと、1時間ぐらい話して、やっぱりパンジーを変えようと思って、「さわやか」をやろうと思った。これからまだ勉強したいなと思ってる。
宮田：一言でいうと
梅原：いろいろあった。「さわやか、ピンチ」
生田：12月。「さわやか」を、仕事・遊び・生活の三つに分けましたな。どうでしょうか。
山田：遊びはなんぼぐらい金がかかるのか、不安やった。
生田：生活は、宮田さん。
宮田：グループホーム入居者委員会について話し合ったのを覚えてる。
生田：仕事はわしやな。作戦練った。作業所見学のことで。
滝川：三つに分けてどうでした？

宮田隆志

生田：仕事の項目はわかりやすかった。
山田：「ワーク」は？
生田：ええ運動になるわ。腰が悪いから。頭すーっとなるやろ。
山田：会議ばっかりやってると、頭パニックになるやん。頭すっきりする。宮田さんどんな感じやった？
宮田：あれはよかった、いろいろ言えてなかったし、言えるようになった。
生田：12月はどういう月でした？
山田：いろんなイベントで忙しかった。
生田：12月。懇親会とかいろいろ行ったな。
宮田：1月はグループホーム入居者委員会。横浜の人と一緒に楽しかった。次の日は鶴橋。
梅原：グループホーム入居者委員会もあったし。やりがいはあったと思う。作業所見学はやばかった！
中多：横浜の人から手紙が来た。中山さんにもよろしくって。
西野：作業所見学はどうでした？
宮田：初めて作業所を見学に行った後、反省したのは車を全然見てなかったということ。当事者と話せたのはよかった。
中山：1月はスケジュールができたから忙しかった。
林：充実した日々？
中山：「充実＋苦しい」
梅原：なんだ、それ〜！
山田：2月は、予算とかわかりにくいこともありました。
中山：グループホーム入居者委員会で横浜に行きました。懇親会をして、話し合いをして楽しかった。
滝川：大阪のグループホームと横浜とどう違った？
中多：部屋は見てないねん。でも私の部屋はきれいに飾ってますって言われた。

西野：週4回にしようと中山さんが盛り上がってた印象があるのですが？
中山：月・水・木。木曜日は「かえる会」があるから半日やから、もう1日必要かなと。忙しいから、もう1日増やしたほうが、余裕が出てゆっくりやっていけるかなと思って。反対派と賛成派があった。宮田さんはハートの人の顔が見られへん、梅原くんもパンジーの様子が見られへんって。
西野：2回目の作業所見学をしましたが、1回目の作業所見学と比べてどうでした？
宮田：車とか見れなかったのを反省して、2回目はしっかり見た。これから見学していきながら勉強したい。
梅原：2回目に見学に行って、当事者が一番奥で仕事をしてると思った。パンジーみたいに当事者が前にいるところがあったほうがいいと思った。ほんで、2月はこんなもんかなと。
生田：中山さんまとめお願いします。
中山：「解放」。苦しみから抜け出した。先が見えた。
宮田：3月は近いところでは見学、その前は西村さんが辞めると言い出して話し合った。いろいろありました。
梅原：施設見学が3回目やったやろ、いろいろ聴けたなと思います。よかったと思います。西村さんが辞めるのはもったいないと思った。
中多：事務所をもつのは夢だった、うれしい。
生田：見学行ったな。建物がよかった。
宮田：いろいろあったけど、見学も3回目で慣れてきて、質問もできて、見るところ見れて、2年後、来年につなげたらいいなと。中山さんまとめて。
中山：「青春の光と影」。楽しかったこともあり、苦しいことも。
滝川：影は西村さんのこと？
西野：光は？
中山：楽しいことたくさん。
河東田：みなさんは「パンジーはあかんねん」と思ったからパンジーを変え

るためにやってきました。少しずつ山を登ってきました。もう少し登っていくと来年の3月を迎えられそうです。まとめたことをぜひやってほしいと思います。2009年度、何とか1年間やってみてください。ここで自信がもてたら、2010年から新しいパンジーとしてやってみましょう。橋本さんや黒瀬さんたちに知ってもらいましょう。壮大な計画です。

　今日の話を聴いていて、私なりに考えてみました。みなさんは去年の7月ぐらいは「しんどい」「嫌だ」と言っていました。でも少しわかってきて、中山さんが2月で言っていた苦しみから抜け出しました。ところが、また苦しいこと、しんどいことがでてきました。それを言葉で表すと、「自信がない」「不安」。そこを黒瀬さんや村上さんたちに助けてもらって自信をつけていくんです。みなさんがパンジーを動かしていくわけですが、動かすために何が必要か、勉強してほしいと思います。

　今のパンジーを「仕事」「生活」「遊び」の三つに分けました。この分け方は新しいパンジーのヒントになるかもしれません。4月からは、新しいアドバイザーの橋本さんに手伝ってもらってください。どんなことをしたら自信がもてたり、新しいパンジーのトップリーダーになれるかを考えてほしいのです。それから、「さわやか」のメンバーは今どんなふうに思っているのかを考えてほしいと思います。考えたことを出してください。橋本さんにこのメンバーを1年間支えてもらいますので、今日どんなふうに感じたのかを考えてもらって、どんなふうに支援していけるのかを、出していただけたらなと思います。いかがでしょう。そういうものが出てくると、4月以降の計画が出てくると思うのですが。

林：河東田さんは1年間会わないから、こういうことはどうかとか話をしたら？

河東田：9月のグルンデンとの話し合いのときに、さわやかチームが今までどんなことをやってきたのかを伝え、意見をもらったらどうでしょうか。今後の計画も示したほうがいいと思います。

宮田：スウェーデンで報告するために 8 月から準備をしましょうということで。また見直すことになるから事業計画をどうしますかね。
生田：スウェーデンに行って、こういう話をできるようにせなあかんということやな。

■理事長・施設長・チーフの仕事を体験してみて、どうでしたか？
宮田：チーフについたときと今思うこと。9 月、10 月、11 月で 3 回チーフについたことを思い出して。
生田：ちょっとわからんところもあるということ。大変やなパンジーも。
滝川：吉田さんってどんな仕事してた。
生田：難しい、字がいっぱい出てる。
宮田：吉田さんずっとパソコンしてて、シュレッダーかけたり、いろいろして、朝やったらゴミ捨てたり、電話かかってきたり、I さんと。後はいろんな仕事をしてましたね。
林：お金のこと、パソコンで書類を作るのと、電話応対、I さんとか吉田さんの部下に仕事を頼む。以上ですか？
生田：別の法人の人がきてたんや。どうなってますか言うて、吉田さんが説明してた。
林：吉田さんの仕事を一言でいったら？
中山：事務、「かたい」。
中多：見舘さんとか、滝川さんについて、とっても忙しかった。滝川さんは市役所行ったりどこそこ行ってんねん。飛び跳ねてんねん。落ち着いてゆっくり仕事でけへんねん。これからは落ち着いてゆっくりしゃべってほしいなと思うねん。
山田：遅くまで仕事をしているし、ミーティングに入って遅くまで話を聴くねん。僕も、できるんかなと思った。グループホームもしているし、例えば業者と話をしたりとか。

林：中山さん、出番です。まとめると？
中山：「地獄からの脱出」
一同……（笑）
林：地獄からの脱出を助けるん？　それとも滝川さんが脱出したの？
中山：滝川さんは、いっぱいいっぱいです。
中多：見舘さん。地域移行で入所施設から当事者を出す仕事。3日間実習して、今2人の人がグループホームにおる。パンジーに通ってきてる。
滝川：そんな仕事を中多さんはやってみたい？
中多：やるよ。
中山：私は見舘さんについて、いろいろ忙しかった。電話とか。やっぱり地域移行の電話をしてた。あと、職員の出席簿とか。
梅原：「わくわく」のは？
中山：それもやってた。
梅原：「わくわく」やってた。これやってあれやって、いっぱいやってるやろ。仕事を分担してばらばらにやってるやろ。それをみてる。指示したりやってたやろ。
宮田：一言でいうと……。
中山：「苦い。頼りになる」
山田：僕がついたのは林さんです。林さんは「わくわく」の事務所に行って、いろいろやってた。林さんは、あちこち行くねん。僕にできるんかなと思った。
梅原：他のこともやってた？
山田：パンジー以外の会議に出たときは大変やな。いろんな会議に出て忙しい。
林：秘密のことしてなかった？
山田：僕あんまり見てないけど、「これ言わないでね」ってやってた。
中多：林さん教えてくれへん。「内緒」言うて。あれだけは教えてもらわれ

んかったんよ。
河東田：人のこと？
中多：そうやろうな。林さんはパソコンしたり、電話したり、パンジーやパンジーⅡの職員からも電話がかかってくる。お客さんも来る。
林：秘密と言ったのは、職員が迷ったときや落ち込んでるときとかに相談に来るから。
宮田：一言でいうと
中山：「みんなにしっかりしてください」
山田：グループホームは？
宮田：あ、大北さんと金森さん。大北さんは誰がいつ泊まるとか勤務表作ってた。いろんなことしてた。
山田：大北さんはおるときとおらんときがある。会議に出て行くとき。朝、大北さんが来て、日誌を見て報告を受けたり。これも大事やな。見て、書いて。ミーティングやってるな。
梅原：それぞれのグループホームの報告をやってもらっていました。介護者が集まって、当事者の話をやってた。介護者が新しい人ばっかりだったらまだわかってないから、古い職員は教えていた。
宮田：キーワードを中山さん。
中山：「ヘルプ　ミー！」
林：では吉竹くん。梅原さんかな。
梅原：吉竹さんはパンジーの全体のチーフでした。職員とメンバーのことを考えていました。水曜日になったら、部門代表者会議をしました。昼からは、事務仕事の用意をしました。事務仕事をやって、僕は、こんな仕事をやってんのかなと。
宮田：最初はクリエイティブの部屋にいて、事務のところにあがって、仕事をしてるんだなっていうのはしっかり見てた。それから部門代表者会議に出たりして。あとは、いろんなことがあって、忙しそうな感じだった。

中多：はい、一言。
林：吉竹くんと滝川さんは「日中」でくくっていいと思うんだけど。
中山：「いっぱいいっぱい」
林：生活のところのチーフは、「ヘルプミー」。見舘くんは「苦い、頼りになる」。事務は「固い」。日中は「いっぱいいっぱい」。そういう見方をしたら、感想は変わってくる？
山田：ちょっとは。
生田：なかなか話されへんやろ。
林：滝川さんの仕事はいっぱいいっぱい。中多さんどう思う？
中多：誰かに助けてもらわれへんの？　例えばグループホームの職員とか。なんで滝川さんグループホームに泊まるの？　入らんでもいいやん。
西野：他の人にお願いしたらいいってこと？
中多：そうや。
山田：グループホームの人、「助けて」と思ってるん違う？　グループホームは人不足だから。人を増やせなかったら、自分たちで動かなあかんやろ。体がガタガタになるで。
林：じゃあみんなが人を集めてきたら喜ぶんだ。
生田：そうや。ビラ配りに行ったんや。覚えてんで。
山田：グループホームのな、ビラ配りしたらええ。

■さわやかチームの活動日が週３日に増え、活動の内容も仕事・遊び・生活に分けて考えていた頃、大きいもめごとがありましたよね？

梅原：あー!!!（思い出した！）忘年会の日の昼に話し合った。
山田：あのとき梅原さん、「さわやか」をな、辞めるって言ってたわ。辞められたらショックやわ。辞めてほしくないと思った。
梅原：ぼくな、パンジーを一人で変えようと思った。ぼくだけでやれるかなと思って。何とかなると思ってたから。そこで、林さんと西野さんと、下川

さんで話して、あれあれ。
林：だんだん梅原さん怒りっぽくなるし。
梅原：なんか知らんけど、怒ってた。
山田：梅原さんが怒りっぽくて、みんながついてけーへんって怒るから、困った。怒らんといてほしいって言った。
中多：正直迷った。辞めようか、続けようか。河東田さんが宿題をたくさん出したことがあって、辞めて「ザ☆ハート」におろうと思ったんや。そしたら、中山さんがみんなに迷惑がかかるからあかんって言ったんや。
中山：しんどなった。「さわやか」始まってからときどき迷った。最近がんばろうと思った。今でもしんどいけど。
山田：そうや、事務所をもつかもたないか、もめたんや。結局は、もたへんことになったけど。
梅原：ぼくやったら、今は思ってないけど、何をやっても、なんか違うかなーと思っていた。昔の「ザ☆ハート」みたいなことが、頭に浮かんだから……。「ザ☆ハート」をしていたとき、初めは新聞とか作って、そのころはよかった。そんで、何かが変わった。初めは楽しかったけど、文句ばっかり出てきて……。しんどいなと思って、林さんと話した。
林：前の「ザ☆ハート」のようにまたしんどくなると思ったん？
梅原：それも一個あると思うけど……。
林：当事者の人たちばっかりで集まったら、支援者の人たちからいろいろ言われるし、考える人も考えない人もおって、僕は責任感が強いからしんどいやんとか思った？
梅原：それはちがう。僕はがんばるのがいいかと初めは思って、そのまんまがんばっていこうかと思ってきたけど。
林：しぶしぶ？
梅原：初めは河東田さんが何を考えているのか全くわからんかったやろ。
中多：3日したらしんどなるんちゃうかなと思った。清掃の仕事とも、同じ

日になるから。
梅原：ここでもめた。
滝川：週３日反対だった人は？
梅原：宮田さんと西村さんと中山さんが反対だった。
中山：清掃の仕事に行きたかったから。
林：お金になったから？
中山：うん。でも、今は「さわやか」をやってると楽しい。
林：変わったのは何がきっかけ？
中山：だんだんこのメンバーでいてたら楽しくなってきた。
梅原：中山さんが、「みんな腹くくれー」って叫んでたな。
生田：「かえる会」あるから１日増やそうって言ってた。
梅原：やっぱりがんばっていきたいなと思った。この１年乗り越えたらなんとかなると思ってた。
宮田：「腹くくれっ」て言われたときには、その気で行こう、みんなとやろうと思った。

■作業所の見学に行きました。それは、どうでしたか？
中山：最初、７人全員で行ったから、見るところが違う。質問のときはできたけど、見学みんなで行って、向こうの人はびっくりしてたかも。分担をしてなくて、見るとこ見られてなかった。最初の１回は失敗が多かった。２回目は仕事グループに分かれて行ったから。一人ずつチェックしたからできたけど、最初のあいさつもできたけど、生田さんが先頭に出てしまった。３回目はなんとかうまくいった。
生田：俺ひっこんどくわ。リーダーは梅原くんや。３回目はうまくいったで。ちょっとだけ。
林：何回もしたらうまくいくんや。
生田：リーダーが梅原さんなのに今気づいた！！

中山：今気づいたって！
一同：……（笑）
中山：3回目の見学のときも生田さんがたくさんしゃべって、質問タイムが短くなった。
生田：ちょっと勉強せなあかんな。
梅原：だからもうちょっとな、当事者の話で突っ込んだ質問ができたらいいなと、僕は思った。
山田：生田さんがしゃべったら突っ込まれへん。
滝川：パンジーの職員の点数をつけるとき甘くつけないようにしてくださいね。
梅原：わかってるけど……。

■さわやかチームを続けますか？
梅原：3月の初めに西村さんがさわやかを辞めたいと言って、みんなで話し合いをし、西村さんの気持ちを聴きました。「なんか体がついてこない」と言っていました。西村さんの気持ちがさわやかチームから離れていました。だからこれから6人でやってがんばっていきたいなと思っています。
生田：質問はありませんか？　河東田さん。
河東田：体がしんどいとはどういうことなのかよくわかりません。気持ちがついていかないってこと？　やる気がなくなったってこと？
中山：答えははっきりわからない。
河東田：今までやってきて、すごく難しい、よくわからないって声を上げてきたのは西村さんだったと思うんです。それが今回の辞める原因だったのではないかと思いました。西村さんが辞めると言った理由を考えて、これから辞めたい人が1人も出ないようにしないといけないと思います。来年の3月に報告書を作るでしょ。その時に、どういう人が理事長や施設長になったらいいのか、どうやって決めたらいいのかを西村さんが教えてくれた気がしま

す。西村さんは、えらかったと思います。しんどいとちゃんと言ってくれた。逆に皆さんに聞きたいです。みなさんはどうですか？
生田：ここまでノートがたまったら辞められない。
中多：やれるよ。
山田：乗りかかった船だからやらなあかん。
梅原：ぼくも、やる。
河東田：みんなしんどかったら、しんどいと言ってほしい。
生田：そらしんどいよ。
河東田：そして、なんでかって考えてほしい。
生田：6人じゃ駄目だと思う。これからいろんな人に協力してもらわないといけない。支援者とか、橋本さんとか。遠藤さんとか。

■当事者が上に立つことについて、どう考えますか？
河東田：これまで、いろんなことよくやってきたなと思いました。みんなの報告を聞いて、一番思ったのは、「報告・連絡・相談について」という内容です。「職員は当事者にまず相談してほしい」と書いてあります。これ見て、感じることがあります。これは、職員に報告をしてほしい、伝えてほしいと、お願いしているんですよね？　みなさんは何をするために、さわやかの活動をしてるんでしたっけ？
梅原：パンジーを変えるため。
河東田：どういうふうに変えるの？　自分たちが職員の上に立つんでしょう。職員に「してほしい」ってお願いするの？　お願いするというのは下から上の人に向かって言うことです。みなさんがパンジーを動かすときはお願いをして動いてもらうのですか？　人にものを伝えていくときはどうしたらいいか、考えてほしいと思います。理事長ならどう伝えますか？
林：「これがルールです」とか、「こうします」と伝えます。
中多：命令すんねん、林さんは。命令や。

河東田：林さんのようにしなくてもいいのですが、職員にお願いしてはいけないと思うのです。

　もう一つは、他の施設に見学に行き、○△×と評価をつけましたよね。これからパンジーにも評価をつけますよね？　○は生かしていったらいいと思います。△や×はこれからどうしていったらいいかを考えるためにあるのです。△や×を○にできるようになったら、パンジーもよくなっていくと思います。

■最後に、今までに言ってない言葉でこれからがんばりたいことを言ってください

山田：「さわやか」をもうちょっと広げたい。「さわやか」をやっていくにはもっと情報がほしいな。
宮田：やっぱり、パンジー以外の人もわかるような、そんな軽い話し合いみたいなのをやりたいな。勉強ばっかりやったら疲れてくるから。
林：宮田さんは、会議の司会が得意だから。
梅原：報告をしたい。当事者と職員に。みんな「さわやか」のこと知らんやん。やっぱり報告を作ったらいいと思う。新聞とか。
林：情報発信やな。情報収集に情報発信。
中山：聴きに行く。
滝川：黒瀬さんがビデオを撮ってるのなら編集をして、こんなのやってますってしたらいいんじゃないかって言ってた。
林：「さわやか」の活動を自信をもって外の人に伝えられるようにするってこと？
梅原：みんな「さわやか」のことをわかってないから。
中山：「わくわく」の職員に河東田先生さんの後をついていっていると言われた。
梅原：このままじゃあかんな、なんかしなあかんなと思ってる。

第3節　アドバイザーが参加した会議でどのような整理がなされたか
　　　　——陪席者の目を通して振り返る

遠藤美貴

1　特別プロジェクトとは

　この「特別プロジェクト」の正式名称は「パンジーを変える特別チームさわやか」というが、当事者にとって「パンジーを変える」とは「社会福祉法人そのものを変える」ということを意味している。この特別プロジェクトは、地域生活支援のための通所施設やグループホーム、移動支援などのサービス事業所をもつ社会福祉法人の運営を、通所施設パンジーの利用者である知的しょうがい当事者が担っていくことを目指す当事者主体のプロジェクトチームであり、2007年6月に検討を開始し、2007年7月に理事長の決定を受け、同月理事長から委嘱され、活動を開始した。6人の当事者（当初は7人の当事者で構成されていた）と2人の支援者で組織され、週に数回、仕事としてプロジェクト活動を行っている。さらに1カ月に1回程度、外部からアドバイザーが参加し、当事者と一緒にプロジェクトの目的を確認し合い、今後の活動内容を検討している。

　この場には理事長と施設長も陪席しているが、理事長や施設長の存在がメンバーの自由な話し合いを阻害したり、メンバーが萎縮して話せなくなるような状況を生み出すことはない。先にも述べたように、このプロジェクトは法人理事長から委嘱を受けたプロジェクトであり、仕事として活動を行っているため、通所施設での作業工賃の他に、月額1万円の委嘱料（給料）が支払われている。プロジェクトの期間は2年間。活動費として2年で200万円拠出されることになり、委嘱料もこのなかから支出されている。

　プロジェクトのメンバーが通う通所施設パンジーを有する社会福祉法人では、利用者と職員の対等な関係を目指し、当事者組織を結成している。利用者たちは職員採用面接に同席したり、働いている職員の面接を行ったりもしている。また、法人の運営委員会にも理事・職員・保護者とともに参加し、

そこでは他の人たちと平等に発言と決定の権利を有している。さらに、理事会に理事として、評議委員会に評議委員として利用者が各1人ずつ参加している。また、利用者たちは全国各地で開催される当事者の集会に運営委員やシンポジストとして参加したり、海外での会議にも出かけたりするなど、通所施設における作業以外の活動にも積極的に関わっていくような取り組みをしており、このような取り組みは法人の理念に即したものであり、理事長の考えが大きく影響していると思われる。

このような土壌をもつ社会福祉法人の通所施設パンジーに通う利用者たちによって「特別プロジェクト」は結成された。プロジェクトを立ち上げるきっかけとなったのは、社会変革を目指した当事者運動につながるような全国規模の大会を開催したいと話し合いをもったことであった。2007年6月に外部から当事者運動に詳しいアドバイザーを招き、全国大会を開催するための支援を要請した。しかし、利用者たちの思いを聴いたアドバイザーから「全国大会開催を目標にしながらも、まず自分たちの足元から変革してはどうか」と提案が出され、自分たちが通う通所施設パンジーを含む法人を変革する活動を仕事として取り組むことになった。

以下、現在に至るまでの活動内容を、まず、さわやかチームの反省の中から出てきた取り組みの概要とその時々のメンバーの思いなどを記す。次にアドバイザーが参加した会議でどのような整理がなされていったのかを報告する。

2 活動内容

7月にアドバイザーを交え合宿を行い、その場で理事長から特別プロジェクト委員活動を委嘱する「委嘱状」が手渡された（以下、各月の動きは表1を参照）。そして、今後の活動内容を具体的に検討し始めた。しかし、「法人を変える」ということばは抽象的で、具体的な活動をイメージすることは難しく、「理事長または理事になること」「施設長になること」ということばを使

図1. グルンデンとパンジーの組織　　写真11. 委嘱状をもらう

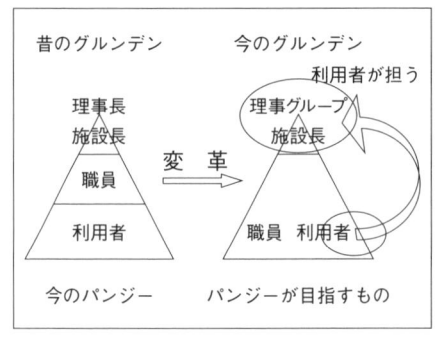

　い、それがどういうことなのかということを理解するために、アドバイザーは、スウェーデン・グルンデン協会の活動を例としてあげた。スウェーデン・グルンデン協会は、実際に知的しょうがい当事者が協会（法人）の運営を担い、支援者を雇用し、国際的な活動も含め様々な活動に取り組んでいる。法人を変えるために、何をしていけばいいのかということを考える上でグルンデン協会はとても参考になり、これから取り組まなければならないことが少し見えてきたようであった（図1参照）。

　まずは支援者選びから始まり、特別プロジェクトのチーム名の略称（さわやかチーム）を決めた。プロジェクトを強化するためにどのようなことを学ぶ必要があるかなども話し合い、「よりよい会議の進め方」について勉強会をもった。その際、カナダの当事者組織であるナショナル・ピープル・ファーストの手引きを参考にしていた。

　合宿では、プロジェクトの目標を、1　当事者がいきいきと働けるようなパンジー（法人）にしていくこと、2　当事者が中心となれるようなパンジー（法人）にしていくこと、3　当事者が自分たちで考え、決めていけるようなパンジー（法人）にしていくこと、の3点とした。この目標は現在に至るまで、くり返しプロジェクト内で確認されている。このような目標をもって取り組むことが決まると、そのことを通所施設の利用者や職員にも知らせ

ることになり、そのための場をもつことが、このプロジェクトが最初に取り組む仕事となった。

また、メンバーが法人の全体像をつかむために、通所施設パンジーを含め、この法人がもつ様々なサービス事業所の幹部職員（チーフと呼んでいる）の仕事内容をインタビューを通して把握することも二つ目の仕事として加わった。しかし、一方で、メンバーのなかには、まだ全国大会を開催したいという思いを捨てきれず、また、このプロジェクトを遂行するために取り組まなければならないことがたくさんあること、それはとてもたいへんな仕事であるということはわかるものの、具体的にイメージできなかったため、プロジェクト活動に対して消極的な発言をしている人もいた。

8月の会議では、7月に決まった二つの仕事の報告があった。職員への周知はまだ十分ではないことが報告され、アドバイザーからこのプロジェクトを進めていくためには、職員全体への周知は不可

表1. 活動内容一覧

月	活動内容
7	・委嘱状が渡される ・支援者を決める ・プロジェクトの略称を決める ・勉強会「よりよい会議の進め方」 ・プロジェクトの目標を決める 宿題：プロジェクトの取り組みを報告する場をもつ 　　　チーフへのインタビュー
8	・インタビューの報告 ・勉強会「リーダーになるために」 宿題：チーフ体験1
9	・チーフ体験1の報告 ・ポスター作成 宿題：チーフ体験2
10	・プロジェクトの代表を決める ・記録係と会計係を決める ・チーフ体験2の報告 宿題：チーフ体験3 　　　わかりやすいパンジーにするための方法を考えること 　　　週に3日はプロジェクトの活動をすること
11	・各宿題の報告 宿題：「仕事」「遊び」「生活」の視点から何をするのかということを考える
12	・三つのグループからの報告 ・事務室をもつことについて ・活動費について
1	・三つのグループからの報告 ・今後のスケジュールについて ・報告書作成について

欠であることが伝えられた。次に、インタビューの感想として、チーフの仕事は大変であること、難しい仕事であることなどが語られた。アドバイザーから「プロジェクトの目標を達成するためには、インタビューをしたチーフのポストにメンバーが就くことになるができそうか？」という問いかけに「今すぐは無理だけどそうなるようにがんばりたい」「難しそうだけどやってみたい」などの声がメンバー全員から出された。また、より詳しくチーフの仕事内容を知るために、1週間の「チーフ体験」がアドバイザーから提案された。法人の組織図を用意してもらい、誰がどのチームについて体験をするかということを決めた。

　一方、プロジェクトをうまく進めていくための勉強会としては「リーダーになるために」という内容に取り組んだ。勉強会のなかで、カナダのナショナル・ピープル・ファーストの手引きに書かれてある「リーダーになるための要件」を参考に、7月にインタビューしたチーフたちがリーダーとして適任かどうかを確認した。また、メンバー間においてもいずれはこのようなリーダーになれることを目指そうということを確認し合っていた。7月にはまだ迷いが見られたメンバーもいたが、チーフへのインタビューやこの1カ月の間に行った話し合いなどを経て、「やってみよう」という気持ちが強まったようであった。

　しかし、9月の会議は「チーフ体験」の直後であり、メンバーは疲れていたこともあって、再び戸惑いや迷いが見られた。「チーフ体験」の報告は「大変だった」「しんどかった」「難しいと思った」などであり、アドバイザーから「もう一度チーフ体験をし

写真12. 話し合いの様子

てみないか」という提案が出されると「しんどいからしたくない」という声もあがっていた。しかし、このプロジェクト活動は仕事であること、そのために委嘱料が支払われていることなどが再確認されると、メンバーはもう一度取り組むことを決めた。また、理事長からも「メンバーに負担がかからないような工夫をしてみたい」と提案があった。さらに、プロジェクトの取り組みを知ってもらうために「ポスター」を作成し、施設内に掲示することにもなった。

　10月の会議では、プロジェクト活動に対する委嘱料を職員からではなく、プロジェクトの代表からメンバーと支援者に手渡してはどうかとアドバイザーから提案があり、プロジェクトの代表を決めることになった。ピープルファースの手引きを参考に「よいリーダー」とはどのような人かを学び、よいリーダーであると思う人をメンバーの中からメンバー間で話し合い選出した。さらに、記録係と会計係も決めた。

　2度目の「チーフ体験」の感想が伝えられたが、今回は「難しかった」という声だけでなく「仕事の内容がわかった」という感想も出ていた。理事長の提案で、共通の記録用紙を作成し、体験後にチーフとメンバーがその日の活動を振り返りながら、記録を作成するという時間をもったことも、メンバーの仕事内容の理解を促進したようであった。しかし、3度目の「チーフ体験」の提案に対して「したくない」と2名のメンバーが意思表示をし、この2名を除いたメンバーは次回までに3度目の「チーフ体験」を行うことになった。また、3度目のチーフ体験を行わないことを決めた2名は、他のメンバーがチーフ体験をしている間に、わかりやすいパンジーにするためにどうすればいいかということを支援者と相談しながら、自分たちがチーフにならなくても組織を動かしていけるような方法を考えるということが宿題として出された。

　最後にアドバイザーから「週3日はこのプロジェクトのことを仕事として取り組んでほしい」と要請が出された。プロジェクト活動に対する委嘱料は、

施設で行っている作業工賃より高額であること、それくらいこの仕事は時間やエネルギーを要するものであることなどの理由も伝えられた。

　11月の会議では、この1カ月の活動報告として、週3日をプロジェクトに充てていること、3回目のチーフ体験の感想、チーフ体験を行わなかったメンバーの取り組みが報告された。プロジェクトの活動を週に3日行ったことに対しては「会議ばかりでしんどい」「みんなと作業をするほうが楽しい」など週3日、プロジェクトの活動をすることへの不満が出された。しかし、改めてこの活動は仕事であること、本当にパンジーを変えたいと思っているのであれば、週3日の活動は必要であることを確認するものの、全員の気持ちが一致することはなく、翌月までに考えることとなった。

　3度目のチーフ体験について「大変」「難しい」という声はこれまでと同様であった。一方、チーフ体験を行わなかったメンバーは、わかりやすいパンジーにしていくための方法を考えることに取り組んでいた。パンジーのわかりづらいところをあげ、どうすればわかりやすくなるかということをまとめたものを報告した。アドバイザーは、現在のパンジーは組織としても複雑であり、チーフの仕事をそのままメンバーが引き受けることは難しいと判断し、新たな方法として「仕事」「生活」「遊び」の三つのグループに分け、当事者中心のパンジーにするために必要なことをこの三つの視点から考えるという提案をした。メンバーたちはこの三つのグループに分かれ、当事者にできることは何かについて次回までに考えることになった。また、この日、アドバイザーから自分たちの活動の拠点となる事務所をもってはどうかという提案があり、これについても翌月までの検討事項となった。

　12月には、まず、三つのグループの活動計画について報告があった。「仕事」グループでは、市内の作業所を見学に行くことを計画していること、「遊び」グループはテーマパークへ出かける計画を立てていること、「生活」グループは近々やって来ることになっているグループホームへの見学者の受け入れについて考えていることが報告された。アドバイザーから、それぞれの活動

の目的はあくまでも「現在のパンジーの実態を知ることと、これからどうなってほしいのかということ」を考えるための活動であってほしいとのアドバイスがあった。

事務所については「もたない」という結論が出たことが報告された。その理由は「『他の利用者と違う自分たち』になるのは嫌だ」「事務所をもつと毎日、プロジェクトの仕事をしなければならなくなるので嫌だ」というようなものであった。理事長から補足として「事務所をもつか否かの話し合いのなかで、これから何をしていけばいいのかがわからなくなり、プロジェクトの目的を再確認することに時間を費やし、自分たちの事務所をもつということをしっかりと話し合うことができていない」という報告があった。アドバイザーからは、このプロジェクトはすでにみんなの「やる気」のもとにスタートしていること、そのやる気のシンボルの一つが事務所であることが伝えられ、目的を見失っていることへの懸念も伝えられた。

次に、来年の計画を考える必要もあり、活動費について話し合いを行った。これから様々なことに取り組んでいくと活動費が足りなくなることがわかった。そこで、補助金申請という選択肢も検討されるが、補助金を申請するということは、それなりの活動が求められるということがわかると、「それはたいへんだから」と計画している活動をいくつか取りやめることで、200万円の活動費内で収めようという意見を述べるメンバーもいた。補助金申請については、今後の検討事項となった。

1月も、三つのグループの活動報告から始まった。しかし、それぞれの活動がこのプロジェクトの目的を遂行するための内容になっていないのではないかという指摘がアドバイザーから出された。例えば、「仕事」グループでは、毎日各施設で起こったトラブルへの職員の対応をチェックする活動を行っていた。職員の対応をまずいと判断すれば、そのことを指摘することを目的に行っているということであった。アドバイザーからは、トラブルを解決することがプロジェクトの活動ではなく、何か問題が起こった際の、理事長や施

設長の動きを知ることが、今行うべきことではないかという指摘があった。目の前のことにとらわれず、大きな目的に向かって、そして2年という期間をかけて活動している最中であることを改めて認識する機会となっていた。そして、この2年間に行ってきたこと、見てきたことをとりまとめ、「当事者がいきいきと働け、当事者が中心となり、当事者が自分たちで考え、決めていけるようなパンジーにしていくためにどうすればいいのか」ということを報告書として提示することになった。そのためのスケジュールと、報告書を出したあとの動きについても話し合いを行った。しかし、これらは現段階におけるアドバイザーからの提案であり、まだ具体的な動きをイメージできるまでには至っていない状況である。こうした様々な体験と試みは、今なお続けられており、その過程において少しずつイメージしていくことになると思われる。

第4節　支援者・陪席した理事長・施設長はさわやかチームをどう支援し、見守ってきたか

1　さわやかチームに関わってきて

支援者：西野貴善

さわやかチームの支援をすることになった10月からの半年間、多くの迷い・戸惑いがあった。さわやかチームを支援するときは、二つのことを意識した。一つは、当事者が自信をもって活動できるようにすること。二つ目は、共に悩み考えることだ。

週1日の活動から始まったさわやかチームが、河東田さんの提案で11月から週3日になった。その時、メンバーの中では「本当にやっていけるのか」「週3日に増えることで何をやればいいのだろう」「自分たちが今までいたそれぞれの場での仕事もあるし、大丈夫だろうか」など不安を口にした。活動日を増やすことへの戸惑いがあった。

その頃、『さわやか』チームのメンバーの一人、梅原さんが「『さわやか』を辞めたい」と言い出した。「これまでは、週1回やってきたが、週3回に活動が増えることで、自分の居場所であったパン屋の仕事から離れなくてはならない」「『さわやか』の活動で本当にパンジーを変えていけるのか」などいろいろな迷いを投げかけた。しかし、梅原さんの中でのさわやかチームを辞めたい本当の理由は、さわやかチームの活動では、職員や河東田さんにいろいろと助言や指摘を受ける。そのことのしんどさが大きくあったように私は感じた。それが、辞めるという結論に繋がったように思う。

　今までやってきたピープル・ファースト運動では、当事者がしていきたいと思った気持ちを大切にしてきた。しかし、さわやかチームでは多くの助言や指摘を受ける。時には、意見の通らないこともある。これは、ピープル・ファースト運動と、さわやかチームの活動の大きな違いなのだろうと思う。さわやかチームの活動はパンジーの運営に深く関わる仕事だ。パンジーには、多くの当事者がいる。当事者の親もいる。職員もいる。それぞれの生活がかかっている。だから、職員もおかしいと感じたときには積極的に発言をする。その発言を聞き、当事者はもう一度別の角度からそのことについて考える。

　ピープル・ファースト運動は、当事者が自信をもって活動できるよう支援をするのが支援者の役割だ。さわやかチームでは、もちろん当事者が自信をもって活動できるように支援をするが、一緒に考えていくことも大切だと思う。当事者も支援している職員も、どのような形が当事者がいきいきとするパンジーになっていくのか、手探りの中で進んでいる。だから、職員も口を出す。

　その話をすると、今までのモヤモヤがいっきに吹っ飛んだような表情になった。そして、「やっと、わかった！」と何度も繰り返した。なぜ、職員がいろいろと口を出してくるのかということの意味がわかったのだと思う。そして、さわやかチームの役割や、今自分たちがしようとしていることが、当事者だけではなくパンジーに関わるすべての人を巻き込んでいる活動だとい

うことを認識できたのだと思う。その後の会議では、これまで悩んでいたことが嘘のように積極的になった。

　週3日の活動になって、やるべきことも増えて、さわやかチームの活動が徐々に忙しくなった。そんな中で2月に、「次年度の活動を週4日に増やそう」という提案が当事者から出た。「腹くくろうや」「このままじゃあかんのや。もっとしっかりしよう」と盛り上がった。週3日で十分だという意見もあったが、結局週4日へと活動日が増えた。この時、当時者の気持ちが前向きに変わったように感じた。

　この1年間の活動で、パンジーを具体的に変えるにはまだ至ってない。しかし、大きく変わったことがある。それは、さわやかチームのメンバーの意識だ。会議中の発言も、以前は後ろ向きな発言が多かった。「わからない」「しんどい」などの発言もしばしばあった。しかし、今はどうしたら当事者がいきいきするパンジーになるのか、どんなことを勉強していこうかなど、前向きな発言が多くなった。このことは当事者自身が自分たちの活動に、少しずつだが自信と確信を持ててきている現れだと思う。次は、周囲を変えていく段階にきているように感じる。今、さわやかチームの活動が、パンジーを変え、より当事者が中心となり、いきいきできるパンジーにしていけそうな期待感をもって支援ができている。

2　さわやかチームを支援して―これまでの経過を通して

支援者：下川美希

　さわやかチームがスタートして9カ月経つ。さわやかチームの活動はメンバーにとっても支援者にとっても初めてのことですべてが手探りだった。メンバーがそれぞれに、それぞれの思いの中で揺れ動きながら、今日までやってきた。その中で支援者の私も揺れ動いてきた。

　初めの頃のメンバーは片方では「がんばろう」「あきらめたくない」、しかしもう片方では「しんどい」「やりたくない」と言い、これからパンジーを

支える人としては頼りない様子だった。それでもメンバーの「職員が上にいて当事者が一番下にいる構造はおかしい、変えるべきだ」という目的意識ははっきりとしていた。

　私はグルンデン協会のように当事者が中心になって組織を動かしていくことが実現したら、当事者はもっといきいきすると思う。パンジーでさわやかチームの活動が実現して発信されたとき、それを知っていいなと思ってもらえたら、「福祉」や「しょうがい者」に対する考え方が変わってくるかもしれないと思っている。そのきっかけづくりを手伝いたいので支援者としてがんばろうと思った。

　さわやかチームが始まって2、3カ月はチーフインタビュー、他の当事者・職員への説明会、チーフ体験と、河東田さんからの課題をこなすので忙しく過ぎていった。

　他の当事者や職員にさわやかチームの説明会を開いたとき、当事者から「1万円もらっていて特別」と言われ、職員からは「頼りなくてパンジーを任せられない」と厳しい意見があった。他の当事者から見ると「何か特別な仕事をやっていてかっこいい」「1万円もらえるのなら自分もやりたい」と思うだろう。職員は生活がかかっているのでトップが頼りなくては安心して働けない。私は当事者や職員の気持ちを聴いて何も言えなかった。支援者としてがんばろうと思う一方で、さわやかチームの活動にまだ自信をもてていなかった。

　10月になってもさわやかチームの活動は先が見えないまま会議やチーフ体験などで忙しかった。さらに11月からは活動が週3日に増えることになり、メンバーからは反対の声が上がった。メンバーは週3日さわやかチームの仕事をするとこれまでの所属から離れ、さらに他の当事者よりも1万円多く給料をもらうので「申し訳ない」とか「特別視されている」と感じていた。メンバーは元気がなく「がんばりたい気持ちはあるが、精神的にしんどい」という感じだった。

メンバーはいろんな出来事がネガティブな発想につながり、何かあると誰かが「辞めたい」と言うことが何度もあった。メンバーの低迷した様子に流れを変える必要性を感じながらも、もどかしさや焦りを感じていた。理由はいろいろあるようだが、何が決め手になっているのかはっきりとはわからなかった。ただメンバーにとってさわやかチームの活動がまだ自分たちのものになっていないのではないかと感じた。

　そこでさわやかチームの目的をメンバーの言葉で一つずつ捉え直した。その後3回のチーフ体験を終えた12月の半ば頃、パンジーの組織をわかりやすくするために大きく仕事・生活・遊びに分けてそれぞれに必要な仕事を考えた。そこから活動のスピードが上がり、メンバーはさわやかチームを自分の仕事と思えるようになった。

　そしてその頃から話し合いだけでなく、外に出て行動することでメンバーがいきいきしてきた。とくに作業所見学ではメンバー自身でよかったことや反省点を出し合って、「次回はこうしよう」というやりとりが回数を重ねるごとに活発になった。今はまだ評価をするときに「ここに気づいてほしい」と支援者が期待する意見はなかなか出てこない。それでも確かに頼もしくなっていることを感じる。これからメンバーが力をつけていくにつれて、支援者は退いていくようになるのだろうと思っている。

　ところで私の中で大きかった出来事は、2月の終わりになって西村さんが急に「さわやかチームを辞めます」と言い始めたことである。

　西村さんはさわやかチームが始まってからずっと元気になれなかったので、元気に活動するにはどんな支援が必要か悩んでいた。そんなとき、1月の作業所見学で西村さんに仕事を割り振ると、自信をもって発言できたことがあった。そのときの西村さんはとても元気で、私はずっと気になっていただけにうれしかった。

　その直後の出来事だったのでとても驚いた。結局、メンバーで説得したが西村さんの心は変わらず辞めてしまった。メンバー・支援者の中にやりきれ

ない思いが残った。

　さわやかチームの支援には、活動の支援だけでなくメンバーの揺れ動く気持ちを察しながらモチベーションを高められるように配慮して支援しなければならない難しさがあった。メンバーが「しんどい」とか「辞めたい」と言うことはこれまでに何度もあった。どこに理由があるのかわからないし、適切な支援ができていないのかと悩んだ。

　まだ先の見えない不安は大きいが、今はメンバー同士で「喝」を入れ合い、さわやかチームの仕事を自分たちで進めるようになってきた。メンバー全員が確実にレベルを上げてきているように感じる。

　導入に時間がかかったが、さわやかチームは当事者中心のパンジーに向かって動き出している。これまでの経過の中でメンバーは確実にたくましくなってきたように感じている。これからまたなにか大変なことが起こるかもしれないが、一つひとつの出来事がメンバーや支援者を成長させるのだと思う。これからも共に歩んでいくつもりである。

3　さわやかチームへ期待すること

陪席者：施設長・滝川峰子

　私は1993年にパンジーがオープンした翌年から働き始めた。パンジーは「どんなにしょうがいが重くても誰もが地域で暮らせる社会」をめざし、これまでも多くの知的しょうがいのある人たちの生活を支援してきた。ある時は、パンジーの中でも医療的ケアの必要な非常にしょうがいの重いTさんのお母さんが突然病気で倒れ、夜勤で働くお父さんが安心して看護できるよう、その日のうちにグループホームで受けることを決め、すぐに入居手続きを進めた。一般的には入所施設に行くことになるだろうが、そんな考えは誰もがもたなかった。残念ながら数カ月後にお母さんは亡くなられたが、Tさんは今も元気にグループホームで暮らしている。

　入所施設の空き待ちで、ショートステイの利用申し込みに来たMさんが、

これまでの生活も病院や施設で長い間過ごさざるをえなかったことを聞き、入所施設ではなく、パンジーに通いグループホームで暮らすことを奨めた。これまで関わってきた福祉関係者や行政の人たちは、Mさんの心身の状態が不安定であることから、地域生活は難しいと考え、なかなか同意しなかった。しかし、Mさんがパンジーに来て元気になり、相談に同行した生田さんが「Mさんは（地域生活が）できる」と当事者の立場から発言したことに、家族の気持ちが動いた。そしてMさんの地域生活が始まった。

　そんな経験を日常的に重ねてきた私たち職員は「何があっても大丈夫、受け入れよう」という思いと自信がついた。それでも「思い」だけでは大変なので、必要な事業を次々に始めていくうちに、大きな組織になっていった。

　目標のために走り続けるパンジーにいて、時には「なんでこんなに毎年忙しいの?!」と嘆きながらも、自分で決める機会を奪われてきた多くの当事者が「自分で決めていいんだ」ということを知り、自立生活への一歩を踏み出す場面に立ち会えることを本当にうれしく思ってきた。パンジーは、多くの当事者と、パンジーの活動に共感し支援してくれる人たちとの出会いがあり、しょうがい者福祉をめぐる情勢からも目を離さず、提言の機会を積極的につくってきた。明確な目標と機動力、そして知的しょうがいのある人たちの力を信じて支援をすることがパンジーがパンジーである所以だと思う。

　私は数年前から一つの日中活動の場の施設長をさせていただいている。力不足、勉強不足、貫禄不足で本当に恥ずかしくて初めのころは「施設長です」と言えないほどだった。今でも大して変わらないが、少しずつ役割を認識できるようになってきた。しかし一方でその責任の重さに押しつぶされそうになる時がある。もちろん一人の力でどうなるものではないし、他の職員と協力して進めていくことではあるが、20年後、30年後もパンジーは変わることなく目標のために走っているだろうか、めざすことが変わったりしてないだろうか。普通の施設になってしまったら……。今のように目標を明確に示し続けることができるだろうか、と不安になってしまう。

そんな私の不安とは関係なく「パンジーを変える特別チームさわやか」の話が不意に起こった。パンジーのシステムを変える具体的な取り組みに、初めは半信半疑だった。2001年にパンジーの人たちが参加したスウェーデン研修の報告を聞いたり、河東田さんからは「パンジーは当事者主体をめざしながら、職員主体だ」と厳しい指摘を受け、いつかは当事者中心のパンジーになったら……と思いながらも漠然としたことだったからだ。ところが、さわやかチームが始まった頃は、会議の合間の休憩には事務所に来て「あ〜しんどい」を連発していたメンバーが、3月の合宿では長い時間でも集中し、自分たちの活動に自信をもって報告していた。得手、不得手を補い合いながら、「チーム」としてまとまっていることに感激した。仕事の多さに戸惑ったり、支援をする職員の気持ちも揺れながらも、着実に力をつけ、河東田さんの的確なアドバイスの下、だんだんと先の見える計画になってきた。
　さわやかチームがどんな形になって実現するかはやってみないとわからない。さわやかの会議で話し合っているように、施設長やチーフの仕事を当事者が担っていくということが、まだまだ何をどうやって渡していけばいいのか想像もつかないのが現実だ。理事や保護者の理解を得られるか、職員が意思統一できるかなど問題も山積みだ。さわやかチームを見守りながら、自分自身、どんな役割を持ち当事者を支援していくのか、グルンデン協会から学び考えたい。
　パンジーを当事者主体に変えながら、なおかつパンジーがこれまで積み上げてきた、地域生活支援のシステムを後退させずにやっていくことは、ますます大変なことになるのは間違いない。それはそれでやっていけるだろうかとまた心配になるが、それでも私の不安は、さわやかチームの出現で少しだけわくわくどきどきしたものに変わった気がしている。当事者主体の先にはめざす社会があるはずだからだ。

4　さわやかチームを見守り続けて

陪席者：理事長・林　淑美

　2007年4月19日、今年度の事業計画にない、しかし、とてつもなく大きいプロジェクトが動き始めました。2001年グルンデン協会を見学し、その後の日本での交流を通じて、「グルンデン協会のようにパンジーを変えたい」の思いは、当事者にも支援者にもありました。その後、当事者が法人の役員になったり、「かえる会」（パンジーを当事者中心に変える会）や「はっしんきち　ザ☆ハート」（当事者の事務所）をつくるなど、目標に向かって歩もうとしました。個々の取り組みは定着してきたのですが、それらの活動がリンクすることはなく、どこに向かい何を実現しようとしているのかが曖昧になり、具体的なプロセスを踏めずに現在に至っていました。

　6年を経て、再度、「グルンデン協会のようにパンジーを変えたい」の思いの実現に向かって動き出すのは、困難はたくさんあるだろうが、わくわくすることに思えました。そのわくわく感は、さわやかチームがスタートした頃の会議からうかがえます。読み合わせていたテキストに「当事者は、支援者よりもよくメンバーのことがわかっています」という言葉がありました。その言葉に全員が大きく頷いている場面を、はっきりと思い出すことができます。職員は、どうしても当事者の問題に意識を集中しがちです。そして、当事者の気持ちに寄り添いながらも、問題を整理したり回避することに重点をおきます。当事者は、まず「気持ちをわかってほしい！」のに、気持ちをすっとばして問題を解決しようとする職員に、「わかってもらえてない！」と苛立ちを覚えることが多いのかもしれません。全員が大きく頷くのを見たとき、メンバー一人ひとりのさわやかチームに寄せる意気込みを感じました。

　しかし、7月の合宿を終え、当事者や職員への説明会、チーフの仕事を経験するなど、現実に活動を始めたとき、さわやかチームのメンバーにも不安が漂い始めました。説明会では「『さわやか』は何のためですか？」と質問され、自信をもって答えることができませんでした。また、チーフの仕事の

体験では、「チーフは忙しそうにしている。わからん。しんどい」などの感想が大半でした。チーフも、「自分自身が仕事に追われて忙しい。一つひとつの仕事を説明できない」などのとまどいがありました。私も、「これからどうなっていくのだろう」という先の見えない不安が頭をよぎることが何度もありました。できることなら、メンバーが望んだことの実現を手助けしたい。しかし、メンバーの人たちが「しんどいから辞める！」と言ったときに私はどうするのだろう。私のとる行動や周りの反応や周りへの影響、あらゆる想定される状況が浮かんでは消えました。

11月に活動を週3日にし、わかりやすいパンジーにするために創思苑の組織を「仕事」「生活」「遊び」に分けた頃から、メンバーの人たちも落ち着き始めました。活動日が多くなり十分に話し合え、活動の見通しがもてたこと、メンバー間の軋轢にもお互いが了解するまで話し合ったことなどが要因だと思います。

3月に、1年間の活動の締めくくりとして、再度合宿をしました。今回は、4月から河東田さんが1年間スウェーデンに行くため、アドバイザーを引き継いで下さる橋本さんも参加しての合宿でした。1年間の活動を振り返りながら、しんどかったことを過去形で語るメンバーの姿を見て、驚くと同時に頼もしさを感じました。月ごとの活動をキーワードで表しましたが、そこでは、「苦しみ」から「青春」へ変化しています。また、チーフの仕事を分解しながら、チーフもキーワードで表しました。「かたい」「いっぱいいっぱい」「ヘルプミー」などのキーワードが飛び出し、大笑いでした。メンバーによると、「腹をくくった」のだそうです。2日間を共に過ごして、私も含めて、全員が地に足が着いたのだと思います。メンバーが腹をくくったのなら、私も腹をくくる以外選ぶ道はありません。

1年を振り返って、主体はメンバーですが、私の当面の役割を、以下のように整理しました。

・さわやかチームの活動について、パンジーの関係者（職員・保護者・法人役員）

の理解を得る。
・さわやかチームの活動に興味を持ち協力してくれる人を募る。

　これからも、実現に至る過程では、多くの困難が立ちはだかると思います。そのつど、気持ちを話し合いながら、腹をくくりたいと思います。腹をくくると、気持ちはとてもさわやかです。「さわやか」の名前は、先を見越した名前だったことに、今気づきました。

終　章

河東田　博

　さわやかチームのアドバイザーとして、筆者は、毎回、『ピープル・ファーストの「リーダーになる人のために」』^{注）}の要約版を持参し、さわやかチームにどんな情報を提供したらよいのか、何を考えてもらったらよいのかを考えながら話し合いに臨んだ。この『ピープル・ファーストの「リーダーになる人のために」』は、文字どおりピープル・ファーストという当事者組織のリーダーになる人に役立ててほしいと願ってカナダのナショナル・ピープル・ファースト・プロジェクトが作成したものである。

　さわやかチームは、社会福祉法人創思苑の活動の母体となっている通所授産施設パンジー、そして関連施設、さらには法人を丸ごと当事者主体の組織に変えるために立ち上げられた。つまり、組織の当事者組織化、そして、その組織のリーダーとなっていくことを目指して立ち上げられたのである。その意味で、『ピープル・ファーストの「リーダーになる人のために」』はさわやかチームにとって、格好の教科書になるのではないかと考えたのである。

　さわやかチームが立ち上がった当初、私は『ピープル・ファーストの「リーダーになる人のために」』全訳から作成した要約版の中から必要と思われる内容を小出しにしながらほぼ毎回繰り返し使用し、メンバーのエンパワメントや自信回復のために使った。この要約版は主にさわやかチームとの話し合いの中で使用したが、支援者のメンバー理解や支援のあり方にも役立てた。

　『ピープル・ファーストの「リーダーになる人のために」』を参考にしながら、筆者がさわやかチームの人たちにどのようにアドバイスを送ろうとしてきたのかを、以下「組織を変えるということ＝リーダーになるということ」（第1節）、「新しい組織の新しいリーダーになるために」（第2節）、「よい支

援者をみつけるために」(第3節)の3節に分けて紹介する。なお、本書出版にあたり、版権者の People First of Canada の Exective Director である Shelley Rattai さんから『ピープル・ファーストの「リーダーになる人のために」』の一部を翻訳し使用する許可をいただいた。ただ、本書の構成上、筆者なりにアレンジしながら終章を書き記していくことにする。

第1節　組織を変えるということ＝リーダーになるということ

「なぜ既存の職員中心の組織を、当事者中心の組織に創り変えたほうがよいのか、なぜ創り変えなければならないのか」を、『ピープル・ファーストの「リーダーになる人のために」』の「なぜ、自分たちの思っていることを、はっきり伝える必要があるのでしょう」をみんなで読み合わせし、その意味を考えてもらった。それは、次のような内容だった。

「それは、私たちが、今までずっと
（1）子ども扱いされてきたからです。
（2）職員が、私たちの仕事や生活について決めることが多かったからです。
（3）「精神薄弱者」や「知恵遅れ」「知的しょうがい」と呼ばれ、危険で、おかしくて、かわいそうで、子どもっぽいと見られてきたからです。
（4）施設に閉じこめられてきたからです。
（5）市民としての権利や義務を知らされないできたからです。
（6）地域で生活し、働き、参加し、社会に役立つ機会が与えられてこなかったからです。
（7）自分の生活を、自分で選べないことが多かったからです。
（8）価値のある人として見られなかったり、人間として尊敬されてこなかったからです。」

いつも保護され、指導を受けて教えを請う立場に置かれている利用者は、これまでいつも守られるべき弱い存在の人で、職員の指示に従うことが当然とされてきた。利用者は職員のつくる職業上の階層（職階層）とは全く別の存在なのに、当然の如く職員の職階層の下に位置づけられてきた。上下関係で言えば、「職員は上」で、「利用者は下」という関係を強いられてきた。『ピープル・ファーストの「リーダーになる人のために」』がまず最初に取り上げていたのは、「なぜ、自分たちの思っていることを、はっきり伝える必要があるのでしょう」だったが、これはまず「差別されている自分」に気づき、「しょうがい者である前に"まず人間なのだ"（people first）」、「しょうがいがあっても、なくても、みんな同じなのだ」と主張することからしかものごとは始まらないということを意図していたからである。筆者もさわやかチームのメンバーに、まずこのことに気づいてもらうことから始めた。この学びを通して「差別されている自分」に気づき、「自己主張」することにより、「既存の職員中心の組織を当事者中心の組織に創り変える」必要性に気づいてもらいたいと思った。

　また、「組織を変える」ということは、「組織とは何か」ということを理解していなくてはならない。「組織のつくり方」や「組織をつくり、運営していくとはどういうことか」も理解していかなければならない。そのために、『ピープル・ファーストの「リーダーになる人のために」』の「本人（自分たち）の会をつくりましょう」を利用した。「本人（自分たち）の会」をさわやかチームと書き換えて紹介してみよう。

「さわやかチームを、自分たちで進めるようにしましょう。
　さわやかチームで、次のようなことを学びましょう。
　　自分たちのしたいことを他の人に伝える方法
　　お金の管理の仕方
　　友達のつくり方

自分の気持ちを素直に表すこと
　　みんなの前で話すこと　　　　　　など。
　　いろいろなことを学び、自分に自信をもつようにしましょう。
　　お互いを信頼し、助け合いましょう。
　　地域社会に役立つ人になりましょう。
　　社会について、いろいろなことを学びましょう。」

　「人にものを伝えるには、時間がかかります。
　　初めはつまずくことがあるかも知れません。でも、がっかりしないでください。やり続けることが大切です。」

　『ピープル・ファーストの「リーダーになる人のために」』に一貫して流れているのは、「勇気づけ」を通しての「エンパワメント」であり、「自信の回復」である。筆者は、本書要約版を学ぶうちに、さわやかチームのメンバーが知らないうちに「エンパワメント力」を身につけ、「自信を回復」してほしいと願った。と同時に、何かやるには「時間がかかること」、「つまずいても、がっかりしないこと」「やり続けること」なのだと伝えたかった。
　次いで筆者がこの取り組みの中で最も力を入れたのは、「組織を変えるということ＝リーダーになるということ」である。「組織を変える」ためには、「組織」を動かしていく「リーダー」が欠かせない。一人で無理なら複数の人間が力を合わせながら「組織」を動かしていけばいい。自分たちの力が及ばないときには支援者の力を借りればいいわけだが、まず最初に、「リーダーとは何か」「リーダーになるとはどういうことか」を知り、学んでおく必要があると考えた。そこで、『ピープル・ファーストの「リーダーになる人のために」』の「リーダーはお手本」を読み合わせをし、その内容を考えてもらった。

「・リーダーは、選挙で選ばれます。
　選挙で選ばれるリーダーは、メンバーが頼れる人で、みんなから尊敬されている人が多いようです。
　リーダーの動きが、メンバーの動きに影響を与えます。
・リーダーは、支援者よりも上手に教えることができます。
・リーダーは、支援者よりもよくメンバーをわかっています。」

さらに、「リーダーとは何か」「リーダーになるとはどういうことか」をより詳しく学ぶために、『ピープル・ファーストの「リーダーになる人のために」』の第12章「リーダーについて学びましょう」を利用し、「リーダーとは何か」を繰り返し伝え、一緒に考えた。この内容はさわやかチームのメンバーに大変役立った。かなり長い引用になるが以下に紹介する。

「完璧なリーダーなんていません。私たちは、みんな、強いところも、弱いところも、もっています。私たちは、可能な限り強いところを見せようとしますし、新しいことを学ぶことによって、弱いところを克服しようとします。
　よいリーダーが、どう動いたらよいかを知ることは、とても大切なことです。
リーダーはお手本：
　リーダーは、グループによって選ばれます。グループのメンバーは、よい仕事をしている人をリーダーに選びます。選挙でえらばれるリーダーは、メンバーが頼れる人で、皆から尊敬を集めている人が多いようです。どのようにリーダーが行動するかが、メンバーの行動に影響を与えることが多いようです。これは、リーダーがメンバーに多くの影響力を与えているということを意味します。もしリーダーが、あまりよくないやり方をしてしまうと、グループに迷惑を与えてしまうかもしれません。リーダーは、お

手本を示しているのです。

　例えば、もし会長がいつも会議に遅れて来るとしたら、他のメンバーもすぐに遅れて来るようになるでしょう。副会長が何かしようと提案しても、実行せずに言い訳ばかりしていると、他のメンバーもすぐに言い訳をするようになってしまいます。

　一方、会長がいつもメンバー全員と平等に尊敬の念をもって接していると、メンバーはお互いに平等に尊敬の念をもって接するようになります。会長や他のリーダーは、みんなが来てよかったと思えるようにすることがとても大切です。

　次に、リーダーとはどんな人か、どう動いたらよいのかを見てみましょう。

・よいリーダーは、信頼できる人です。
　—リーダーは、いつも自分の言っていることを実行します。
　—私たちは、自分の言ったことを実行するリーダーを信頼します。
・よいリーダーは、ひかえめな人です。
　—リーダーは、すごいことをやっても自慢しません。
　—自分がやったすばらしいことを自慢しないようにするのは、難しいことです。
　—リーダーは、自分がどんなにすごいかということを言ってはいけません。
　—リーダーは、メンバーがすばらしいということ、みんなで一緒に活動したからできたということを示すようにしましょう。
・よいリーダーは、グループのメンバーに誇りをもっている人です。
　—リーダーは、グループのメンバー一人ひとりを支えなければなりません。
　—リーダーは、グループのどのメンバーにも価値があり、みんな大切ということ、しょうがいがあっても、外見がどうあろうとも、何ら問

題ではないということを信じなければなりません。
・よいリーダーは、じょうずなグループのまとめ役です。
　　―リーダーは、どこに問題があり、何が必要とされているのか、メンバーにどんな援助をしてあげたらよいのかを知っていなければなりません。
・よいリーダーは、あえて嫌なことに立ち向かっていく人です。
　　―新しいことや今まで経験したことのないことに一緒に取り組むことによって、リーダーはメンバーに勇気を与えます。そうすることにより、それまで誰も考えたことのなかった新しい考え方がメンバーから出されてくるかもしれません。
・よいリーダーは、今起こっている問題に逃げずに取り組もうとする人です。
　　―もしグループに何か問題が起こり、リーダーがうまく整理できずに逃げてしまったなら、何も解決しません。
　　―リーダーが今起こっている問題に逃げずに取り組もうとしなければ、メンバーはリーダーを信用しなくなるでしょう。
　あなたがリーダーだとしましょう。あなたはお手本を示す大切な立場におかれます。メンバーは、あなたがやっていることをみて勇気づけられるでしょう。彼らはあなたがどれくらい成長し、どのくらいピープル・ファーストで学んだかがわかるでしょう。あなたもメンバーも社会から『しょうがい者』というレッテルをはられていますが、リーダーであるあなたは、そのレッテルに打ち勝つ援助ができる新しい方法を学んできました。メンバーは、リーダーであるあなたに注目しています。そして、『リーダーにできることが、どうして私にはできないのだろうか』と思うでしょう。
　リーダーであるあなたはメンバーと共通点をたくさんもっているので、リーダーであるあなたがお手本を示すことによって、メンバーにあなたがやってきたことをやってみようとやる気にさせることができるのです。み

なさんのような経験をしていない支援者も職員も、お手本にはならないのです。

リーダーは先生です：

　ピープル・ファースト運動が始められた頃、メンバーにいろいろなことを教えていたのはたいてい支援者でした。運動が順調に進むにつれ、最近では、多くのリーダーたちが新しいやり方を教えてくれる支援者に頼るのをやめ、自分たちで新しいやり方をメンバーたちに教えるべきだと考えるようになっていきました。このことが、ピープル・ファーストを進めていく上で大きな役割を果たしています。というのは、いつも支援者に頼るのではなく、自分たちのグループ（組織）を自分たちで運営していく力をメンバーたちに与えてくれているからです。メンバーたちが支援者から学ぶことは大切なことです。このようにすれば、どのメンバーも、本当にリーダーになることができると実感できるようになるからです。でも、みなさんは、多くの教養を身につけている支援者である必要はないのです。会議をうまく進めるために話じょうずになることも、グループを無理に引っ張っていくことも必要ないのです。

　みなさんのようなリーダーは、支援者よりももっとじょうずに教えることができます。みなさんは、支援者よりもよりよくメンバーを理解しているからです。みなさんは、グループ（組織）の他のメンバーの生活ととてもよく似た生活を送ってきているはずです。ですから、『どこで、どんなふうにしたらよいか』がよくわかるのです。

　先生として、メンバーに自己主張の仕方をし、自分で決定をする方法を教えるとき、次のようなことに気をつけておく必要があります。

1．よい先生は、よい聴き手でなければなりません。メンバーに耳を傾ければ、メンバーのことをもっとよく理解できるようになるでしょう。メンバーが分かるやり方で教えてあげましょう。

2．しょうがいのある人の多くは、字を読むのが難しいと思います。した

がって、ポスターや絵、そして、わかりやすい言葉を使わなければなりません。そうすれば、みんな、何について話しているのかがわかるでしょう。
3．私たちは、参加することでたくさんのことを学びます。ロールプレイや寸劇などを通して、自己主張をし、自分で決定する経験をしてもらいましょう。
4．学びは、おもしろくなければなりません。
5．あなたの毎日の生活に役立つ、大切なことを学びましょう。そうすれば、すぐに学んだものを使えるし、自信をもてるようになるでしょう。

リーダーはとりまとめをしていく人です：

　じょうずなリーダーは、いつ援助を求めればよいのかを知っています。何でもできる人などいません。じょうずなリーダーは、リーダーとメンバーが一つのチームとなってやっていくことの大切さを知っています。なぜならば：

・もし、一人のリーダーがすべての仕事を自分一人でしたなら、最後には仕事をしすぎて疲れてしまいます。しなければならないことがたくさん出てきてしまうからです。
・みんながその仕事を手助けしてくれるなら、みんなが新しいやり方を身につけることができます。メンバーと一緒に仕事をすることによって、次のリーダーをうまく育てることができます。
・共通の目標に向かって一緒に仕事をし、うまくできたらみんな嬉しいと感じるでしょう。このことは、『チームとしてのまとまり』をよくすることにもなります。その結果、チームのほかのメンバーは、グループのよいところをさらに理解し、次の課題に向けてさらに頑張るでしょう。

　リーダーになることは、難しいことです。一人で何でもしようと思ってはいけません。ほかのリーダーや支援者と一緒にやっていくようにしましょう。それぞれが分担して教えるようにしましょう。実際にやってみれば

みるほど多くのことを学ぶでしょう。」

　この『ピープル・ファーストの「リーダーになる人のために」』第12章「リーダーについて学びましょう」はさわやかチームのメンバーに「リーダーとは何か」を伝える上で大いに役立った。また、このマニュアルの中で示された「人の話をよく聴ける人」「信頼できる人」「ひかえめな人」「グループのメンバーに誇りをもっている人」「じょうずなグループのまとめ役」「あえて嫌なことに立ち向かっていく人」「今起こっている問題に逃げずに取り組もうとする人」を「リーダーの指針」として、さわやかチームのリーダーを自分たちで選ぶということにも使われた。

第2節　新しい組織の新しいリーダーになるために

　「組織を変える」ということは、「新しい組織」につくり変え、「自分たちの組織にする」ということである。「自分たちの組織」の「新しいリーダーになる」ということでもある。第1節（プロジェクト立ち上げの初期）では「リーダーとは何か」「リーダーになるとはどういうことか」を知り、学んだが、これは、リーダーになるための心構えのようなものであった。「自分たちの組織」の「新しいリーダーになる」ということは、具体的に「組織を動かしていく」ということであり、そのための学びも必要とされた。そこで、用意したのが『ピープル・ファーストの「リーダーになる人のために」』の「会にみんなが参加できるようにするために」や「ピープル・ファーストをうまく進めるために」「会をもっとよく知ってもらうための方法」「会の宣伝のしかた」である。これらは、「さわやかチームにみんなが参加できるようにするために」「さわやかチームをうまく進めるために」「さわやかチームをもっとよく知ってもらうための方法」「さわやかチームの宣伝のしかた」と言い換えることができるかもしれない。言い換えたタイトルで、さらに、本書の

内容に合わせて若干修正をした上で、さわやかチームのメンバーたちに提示した内容を振り返ってみたい。

　さわやかチームにみんなが関心をもってもらうようにするために：
1．さわやかチームの活動の目的や内容を文章にしておきましょう。
2．さわやかチームの活動の目的や内容を、パンジーのメンバーに説明してあげましょう。
3．さわやかチームの活動の目的や内容を、パンジーの職員にもわかってもらうようにしましょう。

さわやかチームをうまく進めるために：
①必ず、会議がいつ・どこで行われるのかを、さわやかチームのメンバーに知らせましょう。
・会議のお知らせと日程表を作りましょう。
・さわやかチームのメンバーにお知らせをし、会議に参加するように声をかけましょう。
・グループホームや作業所に立ち寄り、会議で何を取り上げようとしているのかを知らせてあげましょう。電話や手紙で、知らせてあげてもよいでしょう。
・会議は遊びとは違う、ということを教えてあげましょう。
②必ず、支援者が何をしたらよいのかがわかるようにしておきましょう。
・支援者は、さわやかチームのメンバーが、選挙でえらぶようにしましょう。
・支援者は、さわやかチームのメンバーに信用され、会の目的などがよくわかっている人がいいでしょう。
・支援者は、さわやかチームのメンバーが活動しやすいように支援しましょう。さわやかチームのメンバーが困ったときにも、手助けできるように支援しましょう。
・支援者は、さわやかチームのメンバーが決めたことが守れるように、

「契約」を交わしましょう。
③さわやかチームのメンバーみんなが参加できる方法をみつけましょう。
・一人ひとりが、さわやかチームの重要なメンバーだと感じられるようにすることが大切です。
・会議では、簡単な記録を取るようにしましょう。
④会議で何をしようとしているのか、何が話し合われているのかが、さわやかチームのメンバーにわかるようにしましょう。
・やさしい言葉を使いましょう。
・黒板などを使って、わかりやすく説明しましょう。
・メンバーが質問を出しやすいようにしましょう。
・みんなが意見を出しやすいようにしてあげましょう。
・わかりやすい例をあげて話しましょう。
・話し合いの順番を決めておきましょう。

　　1．はじめのことば
　　2．自己紹介
　　3．前の回の報告
　　4．会計報告
　　5．活動報告（やってきたことの報告）
　　6．活動計画（案）（これからやること）
　　7．お知らせ
　　8．今度やること
　　9．次の会の予定（日にちと時間）
　　10．おわりのことば

⑤会議の内容は、さわやかチームのメンバーの毎日の生活に関わるものにしましょう。
　　そうすると、みんな、会議に参加したいと思うでしょう。
　　会議の内容や予定を、みんなで決めましょう。

⑥さわやかチームの１年間の目標と計画を立てましょう。

　　こうすると、みんな、これから何をしようとしているのかがわかるでしょう。

　　目標と計画をもつことで、会議をうまく進めることができます。

⑦会議は楽しんでやりましょう。

・休憩時間に、コーヒーやお菓子を出したりすることも考えましょう。
・楽しみながら勉強会を開きましょう。
・みんなでどこかに出かけたり、パーティをするなどして、楽しく過ごしましょう。
・楽しい話をまじえながら、会議を進めましょう。
・参加者一人ひとりを大切にし、参加していてよかったと思われるようにしましょう。
・会議に来てくれた人や、すばらしい話をしてくれた人に、「ありがとう」という気持ちをあらわしましょう。

⑧さわやかチームで、今問題になっていることに、真剣に取り組みましょう。

・どの組織にも、うまくいく時も、うまくいかない時もあります。
・問題はそのままでは解決しません。
・必要なことは、さわやかチームとして、みんなで問題を解決しましょう。
・みんなで集まり、さわやかチームの問題を話し合いましょう。
・メンバーから、問題を解決する方法を学びましょう。
・自分たちで問題を解決することは、とても大変なことです。
・失敗しながら学びましょう。
・さわやかチームで、今問題になっていることに真剣に取り組めば、さわやかチームがもっと強くなるでしょう。
・さまざまな問題の解決の方法について学びましょう。

さわやかチームをもっとよく知ってもらうための方法：
① パンジーのメンバーにわかるように、さわやかチームの宣伝をしましょう。
② パンジーの職員にわかるように、さわやかチームの宣伝をしましょう。
さわやかチームの宣伝のしかた：
・さわやかチームをもっとよく知ってもらうために、さわやかチームについての本や新聞などを作りましょう。テレビやラジオ・新聞などでも、取り上げてもらいましょう。
・誰に何を伝えたいか、なぜ伝えたいかなどを、みんなで話し合いましょう。
・いつ、どこで、何を、どのように宣伝するかを、みんなで考えましょう。
・他の会（組織）の人たちに宣伝するのもよいでしょう。
・何かをするには、計画を立てたり、準備をすることが必要です。
・みんなで役割分担をし、目的に向かって、活動するようにしましょう。」

この『ピープル・ファーストの「リーダーになる人のために」』の「会にみんなが参加できるようにするために」や「ピープル・ファーストをうまく進めるために」「会をもっとよく知ってもらうための方法」「会の宣伝のしかた」は、一部の文言をさわやかチームに変えることですぐに利用することができたし、具体的な動きがイメージできたため、すぐに行動に移すことができた。「さわやかチームにみんなが参加できるようにするために」や「さわやかチームをうまく進めるために」は、日々のさわやかチームの会議の進め方や運営の仕方に役立った。「さわやかチームをもっとよく知ってもらうための方法」や「さわやかチームの宣伝のしかた」も、パンジー内にポスターを貼ったり、パンジーの各種会議に出かけて直接メンバーや職員にさわやかチームの目的や活動を伝えるなど大いに役立った。もちろんすべてうまくいったわけではないことが、第4章の各種取り組みの中から知ることができる。

自分たちの思いがなかなか伝えられなかったり、メンバーや職員の質問にうまく答えられなかったりしたことが多々あったように思う。また、さわやかチームのメンバーの一人が離脱してしまったこともあった。この9カ月間、さわやかチームのメンバーは、新しい組織を運営していくときにぶつかる様々な問題や出来事にそのつど遭遇し、何とか乗り越えてきた。さわやかチームの取り組みを通して、もう既に新しい組織の運営方法や社会的経験を積み重ね始めていたのである。また、さまざまな困難に出会ったときどう立ち向かっていったらよいのか、そのヒントや知恵もこの『ピープル・ファーストの「リーダーになる人のために」』の「会にみんなが参加できるようにするために」や「ピープル・ファーストをうまく進めるために」「会をもっとよく知ってもらうための方法」「会の宣伝のしかた」にはたくさん詰まっていたのである。

第3節　よい支援者をみつけるために

「組織を変える」ために当事者リーダーが努力を行っていくのは当然だが、当事者リーダーだけの努力だけでは限界がある。第1節でも述べられていたように、「一人で何でもしようと思ってはいけない」「もし一人のリーダーがすべての仕事を自分一人でしたなら、最後には仕事をしすぎて疲れてしまう」「ほかのリーダーや支援者と一緒にやっていくように」することが大切である。しかし、支援者は元々有能かつ多弁であり、時に当事者リーダーの主体性を阻害することがある。そのため、支援者を自分たちで選び、自分たちでコントロールできるようにするための仕組みや約束事をつくっておくことが必要となる。しかし、残念ながら、さわやかチームの支援者はあらかじめパンジーの職員体制の中で決められていた。さわやかチームの出発当初からピープル・ファーストの支援のあり方とは違っていた。逸脱していたと言ってもよい。そのため、『ピープル・ファーストの「リーダーになる人のために」』の

「支援者について」や「よい支援者をみつけよう」「支援者の支援のあり方に点数をつけましょう」を基に、支援者の選び方や支援のあり方についてさわやかチーム立ち上げの当初から再確認し、学びを深めていく必要があった。学びの内容を次に示すが、支援のあり方の再確認の作業は、既に支援者として支援をし始めていた人や陪席していた理事長や施設長には耳の痛い時間（学び）であったに違いない。

「支援者について：
・自分たちにふさわしい支援者を、自分たちで選びましょう
・支援者には、三つのタイプがあります。
 1．支援をし過ぎる人
 2．あまり支援をしてくれない人
 3．支援をしてもやりすぎない人
・支援者には、『支援をしてもやりすぎない人』を選ぶようにしましょう。
・どのくらい支援をしてもらうかを、自分たちで決めるようにしましょう。
・初めは、支援者に助けてもらいましょう。
・さわやかチームがいろいろなことに慣れてきたら、支援者には少しずつひいてもらいましょう。
・自分たちで、さわやかチームを運営していくようにしましょう。
・支援者は、会議に口を出さないようにしましょう。
・支援者は、メンバーが支援を必要としているときにだけ、手伝うようにしましょう。
・支援は少なくし、やりすぎないようにしましょう。
・支援者はメンバーに合わせ、メンバーの立場に立って、ものを考えるようにしましょう。
・支援者は、メンバーの声に耳を傾け、メンバーから学ぶようにしましょう。

・支援者は、メンバーに、自分の知っていることをどうしたら伝えていけるのかを考えましょう。
・理解のある外部の支援者を見つけましょう。

よい支援者をみつけよう：

1. 自分たちで、支援者を選びましょう。

　まず、支援者に面接をしましょう。

　面接をする前に、自分たちで支援者を選べるように準備をしましょう。

　さわやかチームとして、次のようなことを決めておきましょう。

　　　・支援者にしてほしいことは何か

　　　・自分たちの活動を、どのように支援してもらったらよいか

　そして、何人かの人たちと面接し、自分たちに一番合った支援者を選びましょう。

2. 自分たちで、支援者を使えるようになりましょう。

3. 支援者と、契約をしましょう。

　契約書には、支援者の役割や支援者がしてはならないことを書いておきましょう。

4. 支援者に、契約を守らせましょう。そのために、定期的に支援者の支援のあり方に点数をつけましょう。

5. 問題が生じたら、支援者と話し合いをもち、問題を解決するようにしましょう。

　支援者も人間です。変われる機会を与えましょう。

6. どうしようもなかったら、別の支援者を見つけましょう。

支援者の支援のあり方に点数をつけましょう：

　支援者は、次のようなことができていますか。点数をつけてみましょう。

1. 支援者は、メンバーが、自分たちでものごとが決められるように支援しているか。

2. 支援者は、メンバーに、新しいことが学べるように支援しているか。

3．支援者は、メンバーが会議をうまく進められるように支援しているか。
 4．支援者は、メンバーが自分たちで活動できるように支援しているか。
私たちには支援者が必要です：
 でも、私たちは、支援者に教えることがたくさんあります。」

 さわやかチームのメンバーは「新しい組織」の「新しいリーダー」になる人たちである。さわやかチームの支援者は、「新しいリーダー」に寄り添い、「新しい組織」創りの手伝いをすることになる。黒子役を担う支援者は、時に職員からは嫌われ、時に当事者リーダーと職員との橋渡し役をも担うことになる。その意味でも、さわやかチームのメンバーは上記のような「支援者とは何か」をしっかり学んでおく必要があった。

 2007年7月の合宿から始まったさわやかチームの組織変革のための活動は、これまで見てきたことからわかるように、さわやかチームメンバーのエンパワメントと自信回復のための活動であったと言うことができる。「精神薄弱者」「知的しょうがい者」とレッテルを貼られてきた人たちが「まず第一に人間だ！」と主張し、人間性を奪われてきたことへの抵抗と人間性回復への取り組みを行ってきたピープル・ファーストと同じような取り組みを行ってきたことになる。どんなに優しい職員に守られていても、どんなに勝れた支援者がいても、さわやかチームのメンバーやその仲間がいつも最下層に位置づけられている組織や社会では絶えず無意識のうちに上下関係が生まれ、メンバーや仲間の人間性が尊重されることなくむしろ人間性が奪われることになることを、私たちは「施設」という場で嫌というほど見てきた。今でもその構造が温存され、彼らが置かれている社会的実態は変わっていない。そのことへの抵抗と当事者力の強化（エンパワメント）、さらには人間性回復の取り組みがなければ新しい組織（社会）は生まれない。そうした考え方に基づいた取り組みを地道に繰り返し、9カ月間取り組んできた。

本書では、毎回取り続けてきた記録（ビデオ、録音、パソコン筆記等）の整理を通して、きれいごとばかりではない現実を可能な限り忠実に再現してみた。本書を通して、山あり谷ありの取り組みの実態を読み取ることができるはずである。当事者のエンパワメント力を何によってどう高めていったらよいのか、それにはどのくらいの時間がかかるのか、当事者がどのように反応し、どう変化していったのかも知ることができる。支援者がどう関わり、どう反応し、どう変化していったのかも知ることができる。もちろん常時陪席していた法人責任者の反応も変化も知ることができる。さらに、さわやかチームのメンバーが大きく変化し、前に向かって確実に歩み始めていっていることも確認することができる。もしそうであるなら、それは何よりも、当事者を終始信頼し続けていた法人責任者がいたからなのであろう。「成せば成る」。古くから言われてきたこの言葉が本書にも当てはまっており、新しい時代の新しい幕開けを告げる書になったように思う。

注　Bill Worrell, 1988, *People First：Leadership training manual*. Toronto：NATIONAL PEOPLE FIRST PROJECT.　筆者がかつて関わっていた当事者グループのメンバーや支援者（徳島「とものの会」のみなさん：林孝行、鶴井進、鎌田裕美、藤野正弘、北島哲雄、河野和代）、四国学院大学時代の教え子や教員仲間（杉田穏子、林弥生、和泉とみ代、田頭佳子）の協力を得て翻訳の手直しをし、要約したものである。

あ と が き

　これからの社会福祉に当事者参画は欠かせない。日本の福祉界でも、ここ数年、「自己決定」や「当事者参画」という言葉がよく聞かれるようになってきた。しょうがい者関係諸団体が様々な試みを行い、厚生労働省の諮問委員会などでも当事者発言の場を数多く設けるようになってきたからであろう。しかし、どの場でも当事者発言をどの程度重く受けとめているのか、彼らの発言を日常の生活や活動にどのように、どのくらい反映しようとしているのかがなかなか見えてこない。入所施設で暮らしている人たちの場合、事態はもっと複雑である。極端に少ない情報しか得られず、選択権や自己決定権が制限された環境の中で生活しているからである。このような状況の中でこそ当事者参画が必要なのだが、逆にこのような状況が故に当事者参画を遅らせている。貧しい社会的環境や支援環境の中で知的しょうがい当事者に無理強いをしている実態があるからである。

　組織運営への当事者参画を促進していくためには、「知的しょうがい者の経験を重視」し、「知的しょうがい者の視点や立場から事象を捉え返す」取り組みを行いながら、当事者・関係者相互の関わり合いと環境改善に向けた絶え間ない努力や条件の設定が必要になる。各種活動や当事者組織に関わる「支援者」を養成することも、日常的な人的援助の輪をつくることも、学習の機会を増やすことも、数多くの情報をわかりやすく提供することも、当事者自身の選択の幅を広げ自己決定に至る判断能力を高めていくことも必要となる。関係者及び関係諸団体の意識を変革し、組織運営や政策立案への当事者参画に向けた組織内改革と実践を展開することも必要となる。

　本書で取り上げてきた社会福祉法人創思苑理事長委嘱による組織改変に向けたパンジーを変える特別チーム「さわやか」の取り組みは、当事者自身の

意識変革をもたらし、ひいては関係者及び関係諸団体の意識をも変革し、組織運営や政策立案への当事者参画をもたらす好例となるかもしれない。確かに今は、日本では他に見られない特別な動きである。しかし、この動きを特別なものにしてよいのであろうか。口では「平等」「当事者主体」と言いながら、実はしょうがい当事者が非しょうがい者の掌の上で踊らされているだけ、という実態があまりにも多い。そして、最も気づいていない（気づかされていない）のがしょうがい当事者自身なのではなかったのか。自分たちの置かれている状態に自ら気づき、その気づきを通して実質的な当事者主体の組織に生まれ変わろうと模索してきたのがさわやかチームの人たちであった。

　さらに、さわやかチームとの共同作業を通して私たちアドバイザーも支援者も気づいていないこと、気づけなかったことがたくさんあったことに気づかされた。第3章第2節の中でアンデシュさんが強調していたように「一緒にいて共に何かをし、共に楽しむと、支援者とかしょうがい者という言い方はしなくなり、人間として出会うようになる」。これからもお互いに人間としての出会いをたくさん積み重ね、人間として成長しつつ組織や社会の変革に取り組んでいってほしいと思う。

　わずか9カ月間という短い期間ではあったが、当事者・支援者にとって共にとても長く感じる9カ月間であったかもしれない。2年間の「特別プロジェクト」はまだ2009年3月末まで残されており、今後も続く。今後の期間が長く感じるか短く感じるかは、当事者・支援者の今後の歩み（人間としての出会いと成長）如何にかかっている。

　2年間のパンジーを変える特別チーム「さわやか」の取り組みを終える2009年3月末には、プロジェクトの検討結果を「報告書」としてまとめ、2009年度を組織改変のための「試行年度」と位置づけ、2010年度から当事者主体の「新創思苑」としていく予定になっている。この歩みを確かなものにするために、パンジーを変える特別チーム「さわやか」がこの9カ月間に取り組んできたものを可能な限りすべて本書に盛り込んだつもりである。本

書の読後感・ご助言等をお寄せいただければ幸いである。そして可能なら、スウェーデン・グルンデン協会やパンジーを変える特別チーム「さわやか」（後に続く「新創思苑」）のような当事者主体の組織が日本全国に数多く誕生してくれることを願う。

　最後になったが、本書出版にあたり、2008年度立教大学アミューズメント・リサーチセンター（RARC）福祉プロジェクトより研究成果公表のための印刷製本費をいただいた。感謝申し上げたい。さらに、本書の編集作業は、現代書館編集部の小林律子さんと一緒に行った。小林さんと一緒に仕事ができたことを嬉しく思う。心から御礼申し上げたい。

　2008年7月吉日

河東田　博

❖編著者紹介

●パンジーを変える特別チーム「さわやか」(パンジー さわやかチーム) メンバー

生田　進（いくた・すすむ）
社会福祉法人創思苑の前身である自立の家「つばさ」から、パンジーができ、現在までパンジーの全てを見てきた。1993年、ピープル・ファースト国際会議（カナダ）に参加。以後、95年、カリフォルニア・サポーテッドライフ（自立生活支援会議）、98年、ピープル・ファースト国際会議（アラスカ）、2001年、グルンデン協会（スウェーデン）を視察。
海外で学んだことを活かして、92年、大阪で知的障害者の当事者の団体「なかま会」をつくる。また、93年のピープル・ファースト国際会議での経験をもとに、現在のピープルファーストジャパンの前身である「第一回知的障害者全国交流集会」の実行委員を務める。以降、ピープルファーストジャパンとして、サングループ事件をはじめ、日本であった知的障害者への虐待事件などに取り組む。ピープルファーストジャパンでは長く役員に就いており、中心的な役割を担ってきた。ピープルファーストジャパンの役員を務める。
また、グルンデン協会視察のあと、パンジーに当事者組織「かえる会」を発足させ、パンジーを当事者主体にするために、中心となって活動してきた。
現在は創思苑理事、後見支援センター運営委員、講演会活動などに取り組む。

梅原　義教（うめはら・よしのり）
1993年より、クリエイティブハウスパンジーに所属。
ピープルファーストジャパンの事務局長を務めていた。サングループ事件をはじめ、日本であった知的障害者への虐待事件などに取り組むなど、中心的な役割を担ってきた。
また、グルンデン協会視察のあと、パンジーに当事者組織「かえる会」を発足させ、パンジーを当事者主体にするために、中心となって活動してきた。
現在は社会福祉法人創思苑評議員、東大阪市障害者計画等策定合同審議会委員、さわやかチーム代表。

中多　百合子（なかた・ゆりこ）
2004年より、クリエイティブハウスパンジーに所属。「かえる会」の中心的なメンバーとして活動してきた。また、知的障害者ピアカウンセラーなどの活動をしてきた。
現在はさわやかチーム、講演活動などに取り組む。

中山　千秋（なかやま・ちあき）
パンジーに所属してから、ピープル・ファースト大会に参加したり、「かえる会」の中心的なメンバーとして活動してきた。
過去に入所施設で生活したことがある。2007年に結婚し、パートナーとグループホームで生活している。現在は、その経験を生かし地域移行に向けた当事者、職員を対象とした講演会活動をする。さわやかチーム書記。

宮田　隆志（みやた・たかし）
1999年からパンジーと関わりはじめ、同年のピープル・ファースト大会に参加。2000年からクリエイティブハウスパンジーに所属する。
ピープルファースト大阪では長く役員を務め、中心的な役割を担ってきた。
また、知的障害者のピアカウンセラーであり、今後は在宅の当事者の相談にのっていきたいと考えている。
現在は、さわやかチーム会計、ピアカウンセリングのリーダー。

山田　浩（やまだ・ひろし）
「はっしんきち　ザ☆ハート」事務所に所属していた。ピープルファーストジャパンでは大会実行委員

をしたことがある。また、ピープルファーストとして、知的障害者への虐待事件などに取り組んできた。ピープルファースト大阪では長く役員を務め、中心的な役割を担い、当事者運動に深く関わってきた。
また、パンジーでは「かえる会」の中心的なメンバーとして活動してきた。
現在に至る。

西野　貴善（にしの・たかよし）
2003年　山口県立大学社会福祉学部社会福祉学科卒業。
2003年より、社会福祉法人創思苑勤務。
現在は、さわやかチーム支援者、地域移行支援センターわくわく　職員。

下川　美希（しもかわ・みき）
2005年　熊本学園大学社会福祉学部福祉環境学科卒業。
2007年　熊本学園大学大学院社会福祉研究科卒業。
2007年より、社会福祉法人創思苑勤務。
現在は、さわやかチーム支援者、地域移行支援センターわくわく　職員。

林　淑美（はやし・よしみ）
1972年、香川大学教育学部卒業。
大学卒業後、中学校の障害児学級の担任を経て、知的障害者の入所施設で4年間勤務。
その後、大阪で「地域であたりまえに生きる」ことをめざす無認可作業所の設立にかかわる。1993年、社会福祉法人創思苑を設立し、クリエイティブハウスパンジーの施設長に就任。
当事者と支援者がお互いに人間として信頼し合うことをベースに、知的障害をもつ人たちが地域で自立生活を送るためのシステムづくりと、当事者が自信をもち、自分たちの権利は自分たちで守る活動を支援することをめざしてきた。
現在、社会福祉法人創思苑理事長、「はっしんきち　ザ☆ハート」施設長、自立生活支援センターわくわく　センター長。

河東田　博（かとうだ・ひろし）
東京学芸大学教育学部特殊教育学科卒業。ストックホルム教育大学大学院教育学研究科博士課程修了（Ph.D）。1974年から12年間、東京都の社会福祉施設に勤務。1986年から約5年間、スウェーデンに滞在。帰国後、四国学院大学、徳島大学を経て、現在、立教大学コミュニティ福祉学部教員。脱施設化や自立生活運動、当事者参加・参画等の研究を行っている。
主な著書に『スウェーデンの知的しょうがい者とノーマライゼーション』（単著）、『ヨーロッパにおける施設解体』（共著）、『支援の障害学に向けて』（共著）、『福祉先進国における脱施設化と地域生活支援』（共著）、『スウェーデンにおける自立生活とパーソナル・アシスタンス』（共訳）、『ノーマライゼーションの原理』、（共訳）『スウェーデンにおける施設解体』（共訳）、『福祉先進国に学ぶしょうがい者政策と当事者参画』（監修）(以上、現代書館)、『知的障害者の「生活の質」に関する日瑞比較研究』（共著、海声社）、『障害者と福祉文化』（共著、明石書店）、『コミュニティ福祉学入門』（共著、有斐閣）等がある。

知的しょうがい者がボスになる日 ── 当事者中心の組織・社会を創る
2008年7月31日 第1版第1刷発行

編著者	パンジー　さわやかチーム
	林　　　淑　　　美
	河　東　田　　博
発行者	菊　地　泰　博
組版	メ　イ　テ　ッ　ク
印刷	平　河　工　業　社　（本文）
	東　光　印　刷　所　（カバー）
製本	越　後　堂　製　本

発行所　株式会社　現代書館
〒102-0072 東京都千代田区飯田橋 3-2-5
電話 03(3221)1321　FAX03(3262)5906
振替 00120-3-83725　http://www.gendaishokan.co.jp/

校正協力・岩倉 泉
© 2008 Pansy Sawayaka team, HAYASHI Yoshimi, KATODA Hiroshi Printed in Japan ISBN978-4-7684-3484-0
定価はカバーに表示してあります。乱丁・落丁本はおとりかえいたします。

本書の一部あるいは全部を無断で利用(コピー等)することは、著作権法上の例外を除き禁じられています。但し、視覚障害その他の理由で活字のままでこの本を利用出来ない人のために、営利を目的とする場合を除き、「録音図書」「点字図書」「拡大写本」の製作を認めます。その際は事前に当社まで御連絡ください。また、テキストデータをご希望の方は右下の請求券を当社までお送りください。

活字で利用できない方のための
テキストデータ請求券
『知的しょうがい者がボスになる日』

私たち、遅れているの?〔増補改訂版〕
――知的障害者はつくられる

カリフォルニア・ピープルファースト 編／秋山愛子・斎藤明子 訳

親、施設職員や教員など周囲の人々の期待の低さや抑圧的な環境が知的障害者の自立と成長を妨げていることを明らかにし、本当に必要なサービス・制度・当事者参加の下に提言した報告書『遅れを招く環境』の翻訳と、サービス供給過程への当事者参画が進む現在の制度を紹介。

1800円＋税

福祉先進国における脱施設化と地域生活支援

河東田 博 編著者代表

オーストラリア、ノルウェー、オランダ三カ国と日本の入所施設三カ所における施設から地域生活への移行プロセスの実態調査(当事者・職員・家族への調査)を基に、地域移行、地域生活支援の実態と課題を明らかにし、諸外国の地域生活支援に関する法制度の比較研究を含め、日本のあり方を展望する。

3000円＋税

スウェーデンの知的しょうがい者とノーマライゼーション
――当事者参加・参画の論理

J・ラーション 他著・河東田 博 他訳

施設から地域へ、親・専門家による支配・保護から当事者参加・参画へと劇的に変わりつつあるスウェーデンの福祉制度、知的障害者をめぐる状況、地域での生活の様子、当事者が自己主張し、政策決定に参加するまでの具体的な過程を追いながら、日本の地域福祉の課題を考える。

2200円＋税

スウェーデンにおける施設解体
――地域で自分らしく生きる

河東田 博 他著

一九九九年十二月、ほぼ全ての入所施設が解体され、入所者たちは思い思いの方法で地域で暮らし始めた。百年の歴史をもつ知的障害者入所施設の歴史と解体までの軌跡、利用者・家族・施設職員それぞれの解体後の意識の変化、反応・感情をつぶさに記録。

1800円＋税

ヨーロッパにおける施設解体
――スウェーデン・英・独と日本の現状

河東田 博 監修

障害者入所施設はもういらない。スウェーデンでははぼ全ての施設が解体され、地域移行が完了している。施設を解体・縮小し、地域居住に移行している欧州の現状と地域移行・地域生活支援にかかわる課題に学び、未だに入所施設が増大している日本の地域移行の道筋を探る。

1800円＋税

福祉先進国に学ぶしょうがい者政策と当事者参画
――地域移行、本人支援、地域生活支援国際フォーラムからのメッセージ

河東田 博 監修

施設を完全になくしたスウェーデン、地域移行途上のオランダ、未だに施設中心の日本の知的しょうがい者と支援者、オーストラリアの研究者を招聘して地域移行、本人支援のあり方、知的しょうがい当事者が組織運営する当事者団体について語り合った国際フォーラムの報告。

1800円＋税

支援の障害学に向けて

横須賀俊司・松岡克尚 編著

障害者と障害をもたない人との社会関係を「支援」と「つながり」をキーワードに、ソーシャルワーク、聴覚障害学生へのノートテイク、精神科病院での権利擁護、政策立案過程への当事者参画、バリアフリー旅行、障害者と共に働く福祉農園等の実践から捉え返す、障害学における意欲的な論考。

1700円＋税

(定価は二〇〇八年七月一日現在のものです)